U0918279

高效表达

李世强——著

中国纺织出版社

内 容 提 要

在社会交往中，如何表达出自己的想法、如何清晰地传达所说的内容至关重要。我们面对不同的人，有着不同的身份，表达方式也就要有所区别。本书从多个方面、多个视角为读者讲解在什么样情况下应该怎样表达，通过理论加案例的方式，深入浅出地表达沟通的重要性和在现实当中如何实际操作。相信每一位读者都能够在本书中得到启迪，在沟通和高效表达方面有着显著提升。

图书在版编目（CIP）数据

高效表达：超实用的人际沟通技巧／李世强著.--北京：中国纺织出版社，2018.6
ISBN 978-7-5180-4756-7

Ⅰ.①高… Ⅱ.①李… Ⅲ.①心理交往—语言艺术—通俗读物 Ⅳ.①C912.13-49

中国版本图书馆CIP数据核字（2018）第034247号

策划编辑：郝珊珊　　责任印制：储志伟

中国纺织出版社出版发行
地址：北京市朝阳区百子湾东里A407号楼　邮政编码：100124
销售电话：010—67004422　传真：010—87155801
http：//www.c-textilep.com
E-mail：faxing@c-textilep.com
中国纺织出版社天猫旗舰店
官方微博http：//weibo.com/2119887771
三河市延风印装有限公司印刷　各地新华书店经销
2018年6月第1版第1次印刷
开本：710×1000　1/16　印张：15
字数：154千字　定价：39.80元

凡购本书，如有缺页、倒页、脱页，由本社图书营销中心调换

前言

preface

人类属于群居性动物，所以，人类生活在社会中，就离不开交际。但是，现在很多人却有着“社交恐惧症”，在交际场合不知道该做什么，也不知道该说什么，甚至会觉得浑身别扭。这当然很大一部分原因是性格造成的，但还有一个重要的原因，就是不知道如何去表达自己、不知道如何与对方沟通，即便想沟通，也找不到话题。所以，造成了害怕交际、害怕接近人群的局面。

但是，你既然是社会中的一分子，就离不开社会，也离不开交际。因为你有家庭、有同学，工作后还有同事、有领导，生活中有朋友……你无时无刻都得和其他人沟通。因此，学会如何说话、如何沟通，是你迈向社会、融入生活最重要的一部分。

其实，和人沟通并非那么可怕的事情，只要你能够掌握其中的技巧和学问，你就会豁然开朗。而当你学会了沟通，学会了如何表达后，你更会发现，你的人生会产生翻天覆地的变化。沟通不仅能使你快速地融入到社会当中去，更能够让你在生活和工作中如鱼得水。

古往今来，哪个成功人士不是一个会表达、懂沟通的高手。他们每个人都能够在需要赞美别人的时候，真诚地说出溢美之词；能够在需要批评他人，对别人提出意见的时候，把话说得委婉动听，让人欣然接受；当他们需要说服别人时，往往能够一语中的，以最快的时间达到最佳的效果……

曾有位哲人说过：“世间有一种成就可以使人很快完成伟业，并获得世人的认识，那就是令人喜悦的讲话能力。”这句话是多么有道理。看看我们的周围，多少人怀才不遇，不就是沟通的能力太差，无法高效地表达自己意思的结果吗？一个人若是没有了口才，不会表达自己，不懂得如何沟通，即便你是一个人才，最后也可能被埋没成一个庸才。由此可见，学会沟通、学会表达，是一个人迈向成功的关键。

本书从多个方面、多个视角为读者讲解如何沟通，在什么样的情况下进行怎样的沟通。本书通过理论加案例的方式，深入浅出地表达沟通的重要性和在现实当中如何实际操作。相信每一位读者都能够在本书中得到启迪，在沟通和高效表达方面得到显著提升。最后，希望每一位读者都能够成为一个会表达、懂沟通的人，希望每一位读者都能够从羞于开口到口若悬河，无论在生活还是在工作中，都能够表达出自我。

目录

Contents

»»»Part 1

初次相遇，在心中留下最美好的印象

敢于表达，张不开口如何沟通

有些人在陌生的环境里，面对不熟悉的人，特别是比自己事业优秀或地位尊贵的人，就会萌生一种羞怯和自卑感，不敢开口表达自己。有时候，在公开的场合被要求站起来讲话时，也会觉得浑身不自在，无法清晰地思考，更不知道该说些什么。

一般来说，导致羞怯不敢开口的原因有三种。

第一种，习惯性羞怯。这与人本身的性格有关，内向、沉静的人见生人就脸红，对陌生人常常怀有胆怯的心理，不敢开口说出自己的想法。

第二种，认识性羞怯。这类人过分强调自我，有严重的患得患失心理，一举一动都怕遭到别人的耻笑，必须在很有把握的时候才敢说话或行动。一旦准备不足，就会失去方寸。

第三种，挫折性羞怯。这种人本身不是羞怯性格的人，但因为曾经在交际活动中遭受过失败，产生了心理阴影，对交际“望而却步”。

想要真正地掌握口才，做一个成功的人，在学习口才的技巧之前，最先要解决的就是心理问题。必须扩大自己的心理开放区域，坦诚、勇敢地表现真实的自我，不要怕暴露自己的弱点和缺点。若是不敢开口，那么不管是谁，

都不可能练就好口才，更不能为自己锦上添花。现代社会的种种机遇往往都需要口才来开拓，个人的种种成功也要靠口才来促成。

我有一个大学同学，记得在学校的时候，她性格很内向，总是一个人在角落默默坐着学习，也不和其他同学玩耍。因此，当时很多人对这个同学印象都不深刻。但几年后，我参观一个贸易展览会，在一个展览区看到了她。在偶然的情况下遇到同学总是很兴奋的一件事，当时想着上去和她打招呼。当走到她这个展柜的时候，听到了她和一个顾客的谈话，让我诧异不已。诧异她的口才现在为何会如此之好。

当时那个顾客也是偶然经过她这个展柜，在随意看着。她上前问道："请问，您想买些什么？"顾客不太感兴趣，就回答道："没什么买的，随便看看。"她微微一笑，说道："是啊！很多人来了也说过这样的话。"正当顾客得意之时，她又接了一句："但他们后来都改变了主意。""哦？为什么？"顾客好奇地问。然后，她就正式开始向这位原本不感兴趣的顾客介绍她们公司的产品。

我站在一旁，她并没有看到我。我听着她口若悬河地和顾客介绍着产品，惊叹她怎么可能是几年前那个内向而不爱说话的女生呢？当她忙完了，抬头看到我时，也很诧异。我和她说道："真想不到，那时一年都没见你说过一句话，没想到你的口才这么好！"

她微微一笑，说道："那时的我内向、害羞，不敢说话是因为不知道说什么。但出了社会，没有办法。尤其在做了业务员以后，不说话怎么能销售出去货品呢？所以刚做这行的时候，我买了很多口才方面的书学习，每天对着镜子练习。然后扔掉所有的羞怯，大胆地和每一个陌生人介绍着自己，复述我背得滚瓜烂熟的产品资料。慢慢地，也就变得这样能说会道了！"

通过我这个同学的案例可以看出，即便是内向的人，只要你勇于开口，敢于多说，你也会成为一个能说会道的人。没有谁是天生口才就好，就好像没有一个学生天生学习就好一样，都需要不断的学习、不断的练习。

还看到过这样一个故事，讲的是1924年的时候，当时的华盛顿市长在北京的一家餐厅举行一场宴会。席间，一位服务员端上了一盘点心，彬彬有礼且举止大方地介绍道：“当年，慈禧太后有一天晚上梦到在吃肉末烧饼，当第二天用早膳时，也赶巧，厨师正好做了肉末烧饼。慈禧太后很开心，重赏了厨师，并说：‘昨晚梦里吃完肉末烧饼后，很多难题在梦中都迎刃而解了。今天真的吃到了这个点心，相信那些烦心的事都会烟消云散。这道点心是吉祥如意的象征啊！’今天，各位也吃到了这道肉末烧饼，也祝愿在座的各位今后事事如意、步步吉祥……”这位服务员的一番话顿时引起了阵阵掌声。华盛顿市长高兴地敬了这位服务员一杯酒，并说道：“下次来北京，还来你们这里吃饭。”

这就是口才的魅力。短短的几句话，就能感染会场的氛围。如果这位服务员讲话时顾虑重重、扭扭捏捏，表现得不够泰然自若，想必都无法达到这样的效果。

有些人会说，看到别人口吐莲花、左右逢源的时候，自己也会忍不住羡慕，也渴望能在不同的人面前游刃有余地说出自己的观点，赢得别人的赏识，可又不知该如何去克服羞怯的心理障碍。

美国前总统罗斯福曾经说过：“每一个新手，常常都有一种心慌病。心慌病不是胆小，而是一种过度的精神刺激。”你首先要知道，害怕当众说话不是个别现象。那些能在舞台上侃侃而谈的大师们，有很多也曾为开口说话发过愁，甚至就连他们在台上的时刻，也没有完全克服登台的恐惧。古罗马的演说家希斯洛，第一次演讲就脸色灰白、四肢颤抖；雄辩家查理士初次登台时，两个膝盖抖得不停地相碰；印度前总理甘地，首次演讲时不敢看听众，而是面孔朝天。

不好意思当众讲话是多数人都存在的一种心理，对此，你要做的就是努力去克服这个障碍。法国的福煦大将曾经说过："战争中最好的防守就是进攻。"当你对羞怯采取了一种攻势，那么克服它就不是一件困难的事了。

记住对方的名字，是一种尊重

戴尔·卡耐基说："一种既简单又最重要的获取好感的方法，就是牢记别人的姓名。"这就是名字暗藏的特殊魔力。无论对于谁，传递给他的最甜美、最重要的声音就是他的名字。记住对方的名字，是一种最真诚的赞美，是获得对方好感的最简单的方法。

我有一个妹妹，叫小琳，她一直都是一个情商很高的女孩儿。她有一个很厉害的本领，就是能记得住很多人的名字，哪怕不太熟悉的。而这个"本领"也让她获得了极好的人缘。我一直好奇，她如何做到能喊得出好多年都没有见到的朋友的名字。有一回，我终于忍不住问她，她对我神秘一笑，然后从床底拉出一个箱子，里面放着她从小到大的毕业照，还有出去旅游时拍的照片。她告诉我，她每年都会把小学、中学、大学的毕业照以及和朋友同事拍的照片拿出来，看着那些熟悉的同学和朋友的脸庞，一一说出他们的名字，这似乎成了她每年必做的"功课"。正因为时常有"复习"，所以碰上多年未见的同学或朋友，一时想不起名字来的尴尬事从没发生在她身上。看着她做功课的认真程度，我佩服不已。

小琳告诉我，在去年的小学同学会上，大家都是20多年没有见面的同学，很多人都忘记了对方的名字。只有她还能清楚地说出在场的每一位同学的名字，并且还会不时地说出谁比小时候变得更漂亮了，谁比小时候变得更温柔了之类的话。当晚，小琳成了聚会上最受欢迎的人，大家都来和她聊天。

通过我妹妹小琳的这项本领，可以看出牢记别人的姓名是多么重要。因为，当你能热情地称呼对方的名字时，对方肯定会感觉到被人尊重，从而对你有一个良好的印象。

在这方面，拿破仑也做了很好的榜样。拿破仑经常询问士兵的家庭情况，并且能够准确地叫出每一个下属的名字。他喜欢在军营中和军士们交流，因为这样可以增进上下属之间的感情。拿破仑的这种做法不禁让他的下属感到意外：他们做什么，他们的皇帝竟然都知道。这种做法，让每个军官都感到自己被重视，也使他们对拿破仑忠心耿耿。

拿破仑的做法是值得大家学习的。每个人最敏感的莫过于自己的名字，一般而言，如果你能准确说出对方的名字，更能拉近彼此之间的距离。记住对方的名字，无疑也是对对方的一种尊重。可以说这是一种最简单的感情投资方式，能让你在与对方今后的交往中打下良好的基础。

除了我妹妹小琳外，我有一个叫陈菲的前同事，也有这项傲人的本领。不过，她和小琳的区别在于，小琳是通过对照片的复习记住好久不见的同学和朋友的名字，而陈菲却是能清楚地记得初次见面的人的名字，之后不管隔了多久再遇到时，陈菲都能主动热情地称呼出对方的名字。这项本领，让陈菲在工作中如鱼得水，很多客户都因此成了陈菲的朋友。那陈菲又是如何做到记得住每一个陌生人的名字呢？她告诉我，如果是初次见面，对方介绍自己姓名不是很清楚的时候，她就会说：“抱歉，麻烦您再说一次，我没听清楚。”

如果碰到别人姓名里有生僻字的时候，她就会问："这个字如何去写？"

在谈话的过程中，她又会把对方的名字重复说几遍，试着在心中把它跟对方的特征、表情和容貌联想在一起。

甚至有时候她回家后，会把对方的名字记在纸上，仔细看，并在心里默默诵念，以加深记忆。就这样，名字在她心中就留下了深深的印象。

通过我妹妹小琳和前同事陈菲的经验，我们可以看出，记住一个人的名字其实并不难，只要你有心。而这虽然看似是小事一件，但能记得别人的名字，并准确说出来，不仅有利于拉近彼此的距离，实现合作，从中还能体现出你的文化涵养。

拥有好人缘，先从记住别人的名字开始吧。

增强幽默感，让你的沟通畅通无阻

美国心理学家赫布·特鲁说："幽默可以润滑人际关系，消除紧张感，减轻压力，使生活更有乐趣。它把我们从个人小天地里拉出来，使我们一见如故，寻得益友。它帮助我们摆脱困境，增强信心，在人生的道路上知难而进。"所以，幽默是一种十分奇妙的沟通力，只要在一次沟通中融入了幽默的元素，那这次沟通就是愉快而成功的。幽默还可以帮助我们解决生活中的一些难题。在日常交际中，一个卓越的沟通家或许不是最会说话的人，但是，他们却善于运用幽默的表达方式，让听众更容易接受他的观点。幽默本身就有一种神奇的令人感到快乐的力量。

相信大家对王蒙先生都不陌生，他不单单是一个作家，而且还是一个出了名的幽默大师，在他的许多文学作品中都蕴含着诙谐、辛辣、豁达的语言。

有一次，王蒙先生应邀到上海某大学演讲，当时台下同学的积极性并不是很高，于是，王蒙先生便以幽默的方式开了头，他一开始是这样说的："由于我这几天身体不太好，感冒咳嗽，不能多说话，还请大家谅解。不过，我想这不一定是坏事，这是在时刻提醒我——多做事少说话……"他的这句幽默的开场白立即把台下同学的情绪调动起来了，他们纷纷竖起耳朵，打起精神来听王蒙先生的讲座。在他的整个演讲过程中，诙谐的语言不断，台下的掌声也不断。

当王蒙先生提到读者与作者的关系以及如何更好地把握一部作品的时候，在台下同学看来本是一个严肃的话题，但王蒙先生却以风趣的语言作了这样的解说："……我希望大家在评论一部作品时，不要轻易下结论，要反复地多读几遍，读懂、读透。千万不要像有些人那样，看到我走路先迈左脚，就说'王蒙犯了左倾主义'；看到我先迈右脚，又说'王蒙犯了右倾主义'；如果我因为感冒咳嗽用手绢擦了擦流出的鼻涕、眼泪，他就喊'王蒙现在又沮丧、颓废啦'……"如此犀利、生动的语言，点燃了同学们的热情，在王蒙先生结束演讲之后，许多同学还对他恋恋不舍，想再听他讲一次。

在日常交际中，幽默就像必不可少的调味剂。如朋友聚会，结伴旅行，当大家都感到疲惫，长时间静坐无语的时候，假如一个充满幽默感的人说了一句笑话，一定可以改变当时的气氛，从而带来快乐，让人们忘记暂时的疲惫和烦恼。若是在朋友聚会中适当开个玩笑，也可以营造一种活跃的气氛，让彼此的友谊更加坚固长久。

我们每个人都知道，乱丢垃圾是一个让人十分头疼的问题，荷兰一座城市却采用了一个十分有趣的方法来保持市容的整洁。

荷兰的这座城市曾采用增加罚金和加强巡视的方法，不过收效甚微。后来，城市管理者想到了一个方法，那就是在垃圾桶上装一个录音机，让垃圾桶和那些乱丢垃圾的人“说话”。每当垃圾被倒入垃圾桶之后，垃圾桶就会说一段笑话。不同的垃圾有不同的笑话，用这样的方式来吸引更多的人自觉地倒垃圾，当然，效果不言而喻。

在美国也有类似的幽默。在一些城市的街头，当垃圾被扔进垃圾桶的时候，垃圾桶就会说：“好吃，好吃，再给我吃点。”幽默的神奇之处在于，当我们用幽默表达意见时，更容易被人接受。

幽默好比架设在人与人之间的桥梁，有效地拉近了人与人之间的距离，消除了人与人之间的隔阂。幽默的力量是不容小觑的，在现实生活中，仅仅一句风趣的话，就可以令身边的人对自己刮目相看。当然，我们不能过分地夸大幽默的作用，但幽默最大的特点就是能够使人感到快乐，不是吗？可以说，幽默是人类独有的特质，是智慧的体现。它可以化解许多人际间的冲突和尴尬，可以化怒气为豁达，同时还会给身边的人带来许多快乐。幽默无疑是高效沟通的促进剂。

找到恰当的话题，让彼此一见如故

我们在参加聚会的时候，常常会碰见一些女性，她们周身好似散发着一种神奇的魔力。她也许并不漂亮，但开口就能让你不自觉地对她敞开心扉，有些人会把她当作知心姐姐，有些人会把她视为知己，有些人会和她交流一些领域的专业意见……总之所有人对她都有一种一见如故、相见恨晚之感。

相信每个人，在社交的场合中都希望能够左右逢源，和对方有这样的一见如故之感。但往往我们总是看到别人侃侃而谈，而自己却总是在角落无所事事的那一个。相信谁在这时候都会懊悔，为何自己就找不到话题，和别人聊不到一起呢？

其实，想做到和初交者有一见如故之感并非难事，只要你懂得从恰当的话题开始说起。话题的选择对能否给别人留下好的印象是非常重要的。试想，如果你初次遇到一个人，他只是和你聊一些无聊的话题，你会喜欢他吗？

1984 年 5 月，美国总统里根到中国访问，他先去了上海复旦大学。在一间大教室里，面对 100 多位初次见面的复旦学生，里根总统抓住了他和复旦学生之间的一丝关联，展开了他的开场白。那么，里根总统是怎么说的呢？

“其实，我和贵校是有着密切关系的。你们的谢希德校长与我的夫人南希，当年可是美国史密斯学院的校友呢！既然她们是朋友，那么，我和各位自然也就都是朋友了！”此话一出，全场就响起了热烈的掌声。接下来的交谈进行得非常顺利，气氛也很融洽。

曾有人做过一个比喻：人的社交圈以自己为圆心，以年龄、爱好、经历、知识等为半径，构成了无数个同心圆。与别人的共同点越多，交叉面积越大，越容易引起共鸣。因此，在与他人沟通时，找到合适的切入点至关重要。切入得好，一切都会水到渠成；切入得不好，就可能从此产生隔阂。

每个人的心里都有一块柔软而温暖的角落，那里住着自己最亲近的人。一旦他发现你也在关心他所关心的人，就会对你产生一种亲近感。所以，在说话时，不妨利用一下人们的这种心理倾向，以对方最关心的人作为切入点，拉近彼此的关系。

我有一位女性作者朋友，我很佩服她。一是因为她的书确实写的很好，文笔很优美，二是因为她是一位非常会说话的人。很多初次见面的人，对她都会有极好的印象。记得有一次，她到外地出差，对自己的新书进行推广宣传。当时，有一个穿戴整齐、非常绅士的男人出来迎接她，我这位作家朋友连忙走上前去，与那位男士友好地握手，并十分热情地说道："您辛苦了！令尊还好吗？"那位男子顿时感动得说不出话来。之后，她的图书宣传签售会进展得非常顺利。事后，她身边的助理不解地问道："您认识他吗？"女作家一笑，说："我不认识。但我想，谁都有父亲吧！"

就是这样简单的一句问候，我这位朋友迅速在陌生男子心中建立起了亲情意识，让他觉得我这位作家朋友是个值得信赖、非常亲和的人，从心理上对她产生了认同感。生活中，如果遇到类似的情况，也不妨试试这个办法。先聊聊一些题外话，淡化彼此的生疏感，再逐渐地引入正题，效果远比直接谈论主题要好得多。

生活像是万花筒，遇到的人就像零零碎碎、五彩缤纷的碎片，都有自己的棱角、自己的个性。这并不影响日常交际，只要学会找出人的共性，将感动送至每个人心底最柔软的角落，那么不管对方是谁，都会对你产生亲近感。

良好的自我介绍，让谁都忘不了你

很多人因为职业影响，免不了要认识很多陌生人。初次见面，双方往往对彼此都一无所知。因此，如何做好自我介绍，让自己既大方得体又不失礼节，就显得极为重要了。

自我介绍是日常交际中，与陌生人建立关系、展开交往的一种非常重要的手段。自我介绍的好坏，直接影响你留给对方的第一印象，以及以后是否能继续交往，在拜访中起着敲门砖的作用。

一段简短而精准的自我介绍，其实是为了展开更深入的交流而设的。所以在交际时，如何向陌生人做自我介绍，自我介绍的内容是否能引人注目是让对方认识并认可的最重要的手段。

在拜访中，把握住自我介绍的时间很关键。如果你的自我介绍时间过长，会使对方失去耐心甚至产生反感。一般正确的自我介绍时间为 3 分钟左右，有时候仅需 1 分钟就足够了。

我朋友阚晓萌遇到的一件事让我印象很深刻。她研究生毕业，拥有很好的学识，也很健谈，口才极佳。对自我介绍，她认为完全是小菜一碟。所以她从来不做准备，通常是见什么人说什么话。

有一次，阚晓萌跟一家大型房地产公司的总裁洽谈业务。在去之前，阚晓萌没有做任何准备。她觉得凭自己的口才，自己的实力，做个自我介绍，洽谈个业务，是绝对没问题的。

见到房地产公司的总裁后，阚晓萌就开始东一句西一句地做自我介绍，说到一半，她又开始大谈特谈自己对房地产未来走向的看法。她说完这一方面，又扯那一方面，虽然把自己的才学炫耀得天花乱坠，却一点也没有谈到关键的地方。

总裁为了表示尊重，耐心地听完她严重跑题的自我介绍。最后，总裁微笑着说："这位女士，请把您的名片拿走吧。我还有别的事。"阚晓萌失败的自我介绍，使她没有谈成这笔业务。

进行自我介绍一定要力求简洁明了，尽可能充分利用极短的时间。并且最好选择在对方有兴致、有时间时进行。

自我介绍一定要紧扣主题，可以根据不同的交际场景做出侧重点的调整，但切记不要跑题、偏题。

做自我介绍时要有一个友好、自然的态度。在整体的形象上要大方自然，面带笑容，语气平和，语速平缓，语音清楚，充满自信和胆量。

自我介绍时要敢于与对方对视，要显得从容淡定。自我介绍的内容一定要符合你的真实情况，不能有虚假的信息。

自我介绍必须精心设计、认真准备，不要因为时间短而轻视它。自我介绍是你给对方留下的第一印象，因此，一定要认真对待，多加练习。如果有必要，还需要征求家人或朋友的意见，然后写成文字稿。

自我介绍一定要口语化，让人听起来易理解，尽量不要文言化、书面化。

自我介绍一定要有自己的特色，要有新意，不要流于形式。要学会抓住自己的长处，清楚自己的优势与劣势，找到最恰当的定位，再进行语言的包装。好的自我介绍是对自己最完美的“形象设计”。

培养亲和力，让你的沟通更具有魅力

亲和力，是指一个人在与别人交往时，所散发出的让对方喜欢、赞赏的一种吸引力。亲和力有凝聚交往双方的力量，从而建立和谐友好的人际关系，使你的沟通更具有魅力。

亲和力在人际交往中非常重要，无论是在职场的竞争中，还是在日常交往中，具有亲和力的人总是占据更大的优势。努力打造你的亲和力，可以为你带来更多的好人缘。

我过去的一位同事——公关部的张甜甜，就是一个非常有亲和力的人。当时公司里有一个合作项目，需要公关部跟合作公司洽谈。部门领导们跑断了腿，合作还是没谈成。后来这个任务交给了张甜甜，她接受任务的当天，合同就签下了。

合作公司的经理对公关部刘经理说："你们公司的小张真是太有亲和力了。她那张真诚和甜美的笑脸给我留下了很好的印象，其他人可没有她那样的亲和力呀。"

刘经理回去后，专门为此开了个会。刘经理说："没有人会拒绝一张亲切的笑脸，小张灿烂的笑容感染了对方。事实上，即便对方最初的态度很冷淡，但是你的笑容可以影响他、改变他，让他喜欢你，觉得跟你很投缘。小张的笑脸就是她亲和力的表现，有了亲和力就能有更多的人缘。"他希望公关部的每个员工都要好好打造自己的亲和力，以便赢得更多的人缘，争取更好的业绩。

在沟通中，完美的亲和力是你在交际中获得好人缘、维护良好人际关系的法宝。亲和力不是别人赐予的，而是我们自己努力打造出来的。

在交谈中具有完美的亲和力，就意味着你必须始终保持自信、乐观、积极的心态。体现一个人亲和力的因素很多，对于大多数人来说，一些基本因素还是相同的。比如，态度谦恭、团结友爱、真诚善良、能与人同甘共苦等，具有这些品质的人，一般也是具有亲和力的人。

培养亲和力才能广受欢迎，才能赢得好人缘。亲和力是沟通的综合体现。具有亲和力的人，一般都能在交往中占据优势地位；同时，也更容易被对方认可和接纳。具有亲和力的人平易近人，会令对方在与之交往时感到轻松，从而影响对方也采取相同的态度对待他。如果一个人在与人交往中表现得傲慢无礼、冷漠并充满敌意，那么就会使人感到不愉快，阻碍沟通的进行。

但是，如果一个人在交往中表现得过于唯唯诺诺，这也不是亲和力。亲和力不是退让，不断地退让并不能保证交际顺利进行。

在沟通中，拥有开阔的心胸是打造完美亲和力的方式之一。宽容的气度给人留出了情绪改变的空间，可以减少不必要的矛盾，营造舒适的人际环境，维护人际关系的和谐。

我的朋友胡锋，朋友多，人缘好，在朋友圈里大家都觉得他为人处世非常得当，能够包容人包容事，有一种超凡开阔的气度。

一次，有一个哥们儿在胡锋的朋友郑钧那里说了胡锋的坏话，想破坏胡锋和郑钧的关系。郑钧把这件事原原本本地告诉了胡锋，他觉得胡锋一定会骂那个人，并会找那个人对质。

胡锋听后淡定地一笑说："我俩做朋友也不是一天两天了，你信他的话，那今后就不用和我往来，如果还相信我，我们仍然是朋友。"

郑钧听后，非常惊讶，原来胡锋是这样一个心胸开阔的人。别人在背后中伤他，他也能坦然自若。

胡锋说："大家都是朋友，何必无中生有地把关系搞得这么紧张？如果当面说破了，你失去了朋友的信任，我和他断了缘分，这样都不好。"

郑钧听后，非常佩服胡锋的气度。

其实，胡锋能够与朋友始终保持亲和关系，都得益于他对待朋友的宽容大度，从不计较朋友间的小事小情。

在沟通中，谦恭和善的姿态是打造完美亲和力的方式之二。交际中，谦恭和善的姿态是对别人的一种尊重，也是对自己品行的一种要求。通过这种姿态可以看出一个人的品格、境界和胸怀。谦恭和善的姿态也可以迅速拉近你与交际对象的距离，提升交际的融洽度，增添交际的亲和力。

在沟通中，用亲切的笑容影响、感染对方是打造你的完美亲和力的方式之三。交谈中，亲切的笑容是你所付出的最基本也是最重要的感情，在施展亲和力时起到抛砖引玉的作用。亲切的笑容是开启成功交际的关键。只要灿然一笑，你就会赢得好人缘。

在沟通中，亲切、温和、得体的话语是为你的交际增添亲和力的方式之四。话语不在于多少，而在于贴心暖心，在于说到人的心坎里。这样的话语可以使对方与你产生情感共鸣，制造和谐的交谈氛围。

在沟通中，真挚地关心对方是打造完美亲和力的方式之五。再普通的人际关系，只要投入了你真挚的关爱，浓浓的真情，彼此的内心都会温暖起来。这样就会有更深的交往，感情就会越来越近，越来越深。

培养并打造你完美的亲和力在沟通中是很有必要的。这不仅会给你带来更多的人缘，也会成为你人生成功的决定性因素。

》》》Part 2

做个暖场高手，

让现场的气氛热络起来

 多说好听的话，别让你的语言伤了人心

话不在好，而在耳顺。好听的话，他人更容易接受；难听的话，对方只会抗拒。同一个意思，有的人说别人就乐意听，有的则不然。这就是表达方式不同的结果。

会说话是一种技巧，如果掌握了，批评的话别人也能听出善意，不讲究方法，纵然是表扬对方也不会领情。

我居住的小区有一个“大嘴巴”，叫王树。每次提到他，大家都一脸嫌弃地说：“那个人太不会说话了，好话到他嘴里都变味了，更别提坏话了。”

小区里张大爷的儿子为了救掉到河里的孩子去世了，张大爷非常伤心，一时很难接受事实。

大家知道后，争先安慰，希望张大爷能振作起来。

王树知道后，也想去表达自己的同情。

张大爷不哭也不说话，只是呆呆地看着儿子的遗像，大家在一边暗自叹息，都不好开口。

王树按捺不住了，他张口就说：“张大爷，你不要难过了，你的儿子已经死了，他再也不会回来了。”

听了王树的话，张大爷像是受到了刺激，抓起脚下的东西就砸向王树，“你这个多嘴的王八蛋，给我滚，我儿子没死，你儿子才死了呢。”

张大爷气得眼泪直流，话都说不清了。

这时，小区物业的负责人来了，他思忖了一会儿后说：“小孩子掉进了河里，多亏了你儿子英勇仗义，虽然他离开了我们，但他会永远活在我们心中。”

“对，大家都会记得他。”“他是我们心中永远的英雄。”

……

大家纷纷发言。

张大爷终于哭出声来，含糊哽咽地说：“我儿子还这么年轻，我……我真是不敢相信啊。从早上开始，我的右眼就跳个不停，没想到居然是这么大的祸事。”

听了负责人的话，张大爷虽然还是非常难过，但他还是理智地接受了儿子已经去世的事实。

老人痛失爱子，悲切难当。王树张嘴就说张大爷的儿子已经死了，老人当时最不想听到“死”字，被刺激后，情绪更不稳定。小区物业负责人的话却不同。负责人肯定了老人儿子的价值，告诉老人，他的儿子的死是有意义的。如此，老人虽然难过，却能比较好地接受事实。

文中的两个人表达的是同一个意思，但方式不同，产生的效果也有很大差异。

没人喜欢听不合时宜的话，尤其是批评。说得不好肯定会得罪人，哪怕出发点是好的。生活中我们经常说“他是刀子嘴豆腐心”，了解你的人，也许会看到你的内心，但是外人却不知道。如果不懂说话技巧，不能深入人心地表达，你的“刀子嘴”会伤人无数。

说话要照顾别人的感受，要尽量用委婉的方式诉说，把话缓缓说到对方心坎上才能达到想要的效果。

不会说话，不仅仅是容易得罪人这么简单。凡是在交际中顺风顺水的人，都是擅长说话的高手，不论说什么，别人都爱听。好口才帮助他们打开他人的心门，拉近彼此的距离，更容易达到社交的目的。说话体现了一个人的整体水平，所以，在任何场合我们都要重视表达，成为能用话语深得人心、温暖他人的交际高手。

在生活中与他人交流时，我们常常会很郁闷，明明不是如此想的，但说出来的话却让人误会了。这是因为我们说话的技巧还有待提高，所以，平时要多学习表达技巧。

首先，在跟人说话时要控制自己的情绪，不要因为自己心情不好，就冲着他人发泄。当你在气头上时，最好的方式是暂时保持沉默。等情绪平复了再用温和的态度跟别人交流。好的态度，也是一种良好的表达方式。

其次，还要明白说话是种沟通方式，不是攻击别人的手段。有些人开口就是“你不要怎样”“你是不对的”，对方一听肯定会不高兴。说话时少用否定，多用肯定语气。带着攻击性说话是最差劲的语言沟通方式。让他人感受到你的心意就可以了，没必要再说伤人的话。

再次，在说话时要利用好幽默的表达方式。跟人说话时，会有很大不确定性，如果遇到不好说的话题，怕得罪人，完全可以利用幽默来表达自己的意思。有些话，如果我们说得很严肃，别人心里难免会不悦，会感觉到无形的压力。在交际过程中，幽默可以缓和气氛，减少对方的对立情绪，你的表达会更深入人心。

我在一本读物中看到过这样一个小故事：有个人去小酒馆喝酒，喝了一口就吐了出来，酒太酸了，他一拍桌子就开始大骂："这是什么酒啊？酸死了，你们这里简直就是黑店。"

老板也不是省油的灯，哪里受得了这份气，立刻找来伙计，把客人打了一顿。客人躺在地上哇哇乱叫。

这时，又来了一位年轻小伙子，他说："这是怎么回事啊？在表演格斗啊？"

老板一听，气消了一些。

小伙子知道因由之后，自己也尝了一口酒，他皱着眉说："哎呀，你把我也打一顿吧。"

老板愣了一下，继而明白了小伙子的意思，大家都笑了起来。老板立刻让人换了新酒。

两个客人，都在说酒难喝，一个因为不会说话挨了打，另一个则幽默地说服了老板。由此可见，幽默的话语永远是打动别人、进行温和交谈的法宝。

最后，在说话时不要做"冒失鬼"，要懂得三思而后行。有些人说话不经过大脑，这样的人在交际中很容易触碰别人的"雷区"，引起他人的反感。每个人都有忌讳，我们在说话时要尽量避免。如果非要表达，则要含蓄一点，或通过暗示性的话来表达。

"祸从口出"，通常说的就是这种冒失、口无遮拦的人。我们要学会谨言慎行，把话说对、说好。

说话的方式有很多种，面对不同的人、不同的场合，我们要灵活运用，不要不合时宜。说话要讲究方法，只有做到这些，才能和谐地处理好彼此之间的关系，才能把话说出好效果。

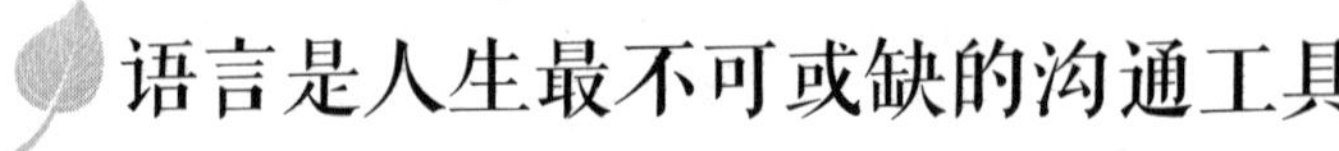

语言是人生最不可或缺的沟通工具

人生中的成败有时候是被说话技巧左右的。有一位国外名人曾说：“眼睛可以容纳一个美丽的世界，而嘴巴则能描绘一个精彩的世界。”法国大作家雨果也认为“语言就是力量。”的确，说话既是一门学问，也是一种艺术。

在一本杂志上看到过这样一个故事：由于某单位要精减人员，所以必须裁掉给领导开车的两位司机中的一个。于是，对于这个岗位，两个人进行了一番竞争。

第一个司机说了很多，虽然面面俱到，但是不免累赘。他是这样说的：“要是有机会继续开车，我一定比之前更加用心，把车收拾得更加干净利落；一定严格遵守交通规则，闯红灯什么的一定不做；一定不会酒后驾驶，保证领导安全；开车时尽可能保证最大限度地省油……”

第二个司机的叙述简而精，只用了不到2分钟的时间。他说：“我遵守3条原则。第一，听得，说不得；第二，吃得，喝不得；第三，开得，使不得。我过去遵守着这3条原则，现在依然遵守着这3条原则，将来我也会毫不动摇地遵守这3条原则！”

经过这样一番比较，显然第二个司机是理想人选。为什么呢？首先我们来了解一下第二个司机说的这3条原则都是什么。所谓“听得，说不得”是指，领导坐在车上研究的资料，打的电话，在正式公布之前都是保密的。若司机说了出去，就是泄密。所谓“吃得，喝不得”就是说，由于工作的关系，司机总会陪领导到处开会或者参观，当然必不可少的就是吃饭。而这里的“喝不得”就是说绝对不能喝酒，因为这是对领导安全的基本保证。第三条“开得，使不得”，意思是绝对不能私下动用公司的车，不贪小便宜。第二个司机说话简洁明了，而且句句都说到了领导心里。

人的一生都在不断说话与倾听，关键时刻需要你站出来讲几句的时候，一定不能“掉链子”，否则，不仅会影响你的形象，而且有可能断送掉你的美好前途。

语言是不可或缺的沟通工具，它是思想的外化。据数据显示，每人平均每天大概要说1800个词语，而且事情越多的人，说的话肯定也越多。换而言之，积极的人生态度就是敢于说话、善于说话。

要想成为善于沟通的人，就要从平常的小事做起

自古以来就有“沟通”一词，随着社会的不断发展，沟通所包含的内容也更丰富。要想成为沟通高手，就必须虚心学习。谁也不是天生就懂沟通，摸索多了，很自然就会掌握这门艺术。

要想成为善于交谈的人，就要从平常的小事做起。学习礼节，懂得人情世故，掌握交谈主动权等，这些都是需要重视的。

当然，沟通在不同场合具体内容也不一样。但其原则是一样的。在交谈中，要用不同的模式去思考问题，做事灵活多变、不拘泥，才能做到游刃有余。不要一味彰显自己的能力，也不要咄咄逼人，必要时后退一步反而更好。

那么怎样才能学会沟通这门技巧呢？我们来看一下具体内容。

首先，在交谈时要记住别人的名字。别看这是件简单的事，其实很多人都做得不够好。每个人都希望得到他人的重视，当别人喊出自己的名字时，

立刻会对对方产生一种亲切感。我们会感觉，对方足够重视自己、尊重自己。在与其交往时，自然也会更顺畅。

其次，在交谈中要避免骄傲自大，目中无人。自己适当谦卑一些，这样更容易给他人留下好印象。每个人都有自己的长处，也有自己的短处。要端正自己的态度，客观看待自己和他人。

在交谈时也要一视同仁，不要厚此薄彼。心里可以有侧重，但不能完全表露出来，这样会让人感到尴尬，甚至引起别人的记恨。有时也许是无心之失，我们会不小心说错话，为了避免犯错误，要从心里端正态度。

张倩过生日，请一些亲朋好友吃饭。结果当天下了雪，一半客人都晚点了。张倩很不高兴，一直看手表，说："怎么回事啊？重要的人都还没来，真让人不高兴。"

这些已经来的客人听张倩这么说，顿时就很尴尬，而且也有点不高兴，这不是明显厚此薄彼吗？就这样，整个生日餐大家都吃得不痛快。

后来，张倩意识到这个问题，顿时非常后悔。但大家对她的印象都不怎么好了。

在沟通中，我们要尽量一碗水端平。不要让某个人觉得自己不重要，不受欢迎。这会大大影响你的威信，别人也很难再对你产生好感。

再次，要学会灵活地选择沟通场合，不拘一格，还要清楚对方的需求。很多时候，外部环境会直接影响双方的心情，自然也会影响沟通的质量。

有一个公司的老板，朋友满天下，很多人一提起他都说："哇，那个人真的太有能力了！"很多人都喜欢他，甚至把他当作知己。

很多人都问过他交朋友的秘诀，他稍稍透露了一下：每次跟朋友聚会，他总会挑很讲究的地方，氛围好又温馨，对方一来心情就大好。在谈判时，他尽量挑选明亮安静的地方，很多生意都是在这种情况下谈成的。

总之，选择对的交谈地点是沟通成功的有力保障。很多懂心理学的人都会注意这点，在交谈时，必然会在交谈地点上做文章。

最后，交谈有很多必要的手段，虚虚实实、真真假假，我们要学会分辨。在交谈中，不要轻易相信别人的承诺，当然也不要随意许诺。如果你只是玩笑话，但他人当真了，就会很麻烦，因此要尽量避免。

说话之前先动脑，明白什么人前说什么话

在沟通中，要学会看对象说话。如果忽略了这点，很容易因为话语不得体而引起对方的反感。要掌握必要的说话技巧，看清对象，想好之后再说，如此有利于建立良好的人际关系，得个好人缘。

俗话有句“见人说人话，见鬼说鬼话”，这不是虚伪做作，而是一种有技巧的说话方式。说话对象不同，个人喜好就不一样。不分对象，乱说一气，肯定会得罪人。

有一次过年时同学聚会，聊天中讲到我们的老师。大家都想着很久没见过班主任张老师了，过一天去看望一下。

我们的班主任张老师已经快50岁了，但却还是一个很时尚的人，每天都打扮得非常时髦。每隔一个月她还换个新发型，平时用的护肤品也全是高档货。

“哎，我孙子都出生了，我越来越老了啊。”张老师看到我们很高兴，感叹道。

“大家谁不是越来越老啊，你已经很不错了，看着比同龄人要年轻很多。”

我们大家都知道张老师爱美，怕衰老，所以大家都会避开说她老的话题。

在我们一起看望老师的同学中，有一个同学毕业后很不如意。这次看望老师时，顺便想请老师帮帮忙，指点一下迷津。

可能是过年这几天应酬多，张老师在这天正好感冒了。她说话声音沙哑，透着疲惫，整个人看起来也不精神。

“张老师，好久没见了，挺想你的。”我们这个同学把带来的水果放下，开始跟张老师寒暄。“是啊，好久不见，大家都赶紧坐下吧。”张老师对自己的学生很热情，起身倒水给我们喝。

我们大家忙说：“我们自己倒就好，老师您坐！”

老师坐下后，这位同学挨着老师坐下，想着再和老师多寒暄几下，便继续说道：“老师，你的声音听起来很沙哑，人也不精神，看起来比之前苍老了很多。”

他这么一说，张老师跟受了打击一样，脸色立刻就变了。我们大家瞬间也陷入了寂静。

“我只是最近感冒了，有些疲惫。”张老师明显带着不悦。

这时，这位同学才意识到自己失言了，不该说老师苍老，老师那么爱美的一个人，听了这话心里肯定很不舒服。

气氛一下子就变得不对了，这位同学也没再说自己来的意图。我们大家忙岔开话题，谈论起老师的孙子……而这一整天，张老师也都很少再和这位同学说话了。

在沟通中，很多人都会犯我这位同学类似的错误。说话不动脑筋，不看对象，最后只会冒失地得罪人，也无法达到自己的社交目的。

不论是谁，在跟人交往时都必须掌握必要的说话技巧。说话冒失，不看对象，是对他人的不尊重。懂得必要的说话艺术，才能避免尴尬，为社交的顺利进行奠定良好的基础。

有些人认为，看对象说话就是曲意逢迎，是为了讨好他人，奉承他人，从而达到自己的目的。有时为了博得对方的好感，不惜故意说假话，溜须拍马，无所不用。其实这么理解是错误的。看对象说话是为了统一大家的沟通方式，是对他人的尊重，不是心怀鬼胎，居心不良。

看对象说话是很有深意的事，其中包含了很多交际常识和谈话技巧。我们要观察对方的为人，了解对方的喜好，探究对方的社交方式等。只有摸透对方，在谈话时才能更合对方心意，跟对方有共同话题。

有些人在社交中总是人见人爱，这与他们看对象说话的交际方式是分不开的。分清谈话对象，才能灵活表达自己，才能在交往中做到得心应手。

俗话说“入乡随俗”，要适应对方的说话方式，沟通才能更顺利。

我有一个做业务的朋友，叫成为，他就很懂得这一套。有一次，他下县谈业务，负责接待他的是小赵。他之前见过小赵，也算熟悉。小赵是东北人，性格爽朗，说话有时也不加遮拦，但能力却很不错。

“你小子最近忙什么呢？好久不见啊。”成为很豁达地说，他放下了平时的客套劲。

“哎呀，是你大驾光临啊，真是想死我了。”小赵笑哈哈地打招呼。

“公司要的货物准备得怎么样了？要是没准备好我可饶不了你啊。”成为佯装发狠。

小赵一看更加乐了：“放心吧，我不给别人准备也得先给你啊，谁让咱俩臭味相投呢。”

看似随意的谈话，其实是成为故意营造的，他深知小赵的为人，喜欢跟爽快的人做朋友。如果自己中规中矩，说话礼貌疏离，效果反而会不好。

跟沉闷固执的人交流时，说话要简洁有重点。这类人话少又固执己见，面对他们，不要迂回说话，通过观察找出对方感兴趣的话题，然后再直截了当地询问就可以了。这类人很反感兜圈子，喜欢直接进入主题。

面对傲慢无礼的人时，尽管讨厌也要耐着性子继续交谈。对这样的人，不需要太过客气，说话要有力，有自己的主见，但万不可伤害他们的面子。傲慢的人常常唯我独尊，一旦觉得丢脸，会做出不理智的事。总之，跟这类人交往时既要强硬，还要适当地软弱。

在跟地位比较高的人说话时，要尽量客气，说话不能太随便，要表现出自己的尊重。要三思而后行，尽量说符合对方身份的话。不能按照平时的说话方式。不需要表现出多亲切，但一定要恭敬有礼。

跟文化水平高的人说话时，语言可以适当书面化、深奥一些，可以对语言进行修饰，可以适当含蓄。但跟文化水平低的人就不能如此了，不要夹杂难懂生僻的话，也不要文绉绉的，对方会很不适应。为了避免尴尬，最好多说些大白话。

面对虚荣的人时，不妨多称赞一些，多恭维点，他们会很受用；面对深藏不露的人，最好先向对方表达自己，之后对方才会变得主动。

面对性格温暾的人时，要控制好自己的脾气，说话不要太急，要耐着性子配合才行；遇到自私的人时，不妨先提一些对方可以获得的好处，夸大事实。看到好处，他们自然会变得“友好”。

不论什么时候，社交都离不开交际对象。在交流时要根据对象的具体情况选择说话方式，这样才能避免失礼，才能搭建良好的沟通平台，才能达到自己的社交目的。

别小看客套，那是一种修养的表现

如果你足够细心，定能从生活中发现一个规律：那些人缘比较好，走到哪儿都受欢迎的人，特别会说“客套话”。别小看客套，它其实是语言艺术的一种，包含着客气、谦卑、热情，也显示着对人的尊重。

但凡有教养的家庭，大人在教育孩子的时候都会嘱咐一句“见了人要打招呼”，借用别人的东西要说“谢谢”，不小心碰了人家要说“对不起”。实际上，这些最基本的礼貌用语都可以归为客套话，它体现的是一个人良好的修养。

然而，有些人本身素养不错，也很善解人意，可就是输在了不会说话上，尤其是不会说客套话。他们遇见事情的时候总是不知该说什么，或是不好意思开口。结果，明明是一片真心，到最后却不被人懂，甚至被误解成冷漠。

我朋友小王是一个程序员。作为技术员他平时和人打交道不多，回家后也大多是玩游戏，可以说是一个十足的“宅男”。所以他的朋友不多，算上我总共也就只有几个朋友。也因为他的社交很少，对于客套话这类的话语更是不太熟悉，可以说就是一个不会说话的人。

我们都认识的一个朋友和我说过这样一个事情，很有意思。这个朋友有一次做阑尾手术，术后在病床上修养，小王就去看望他。见这位朋友躺在病床上虚弱的样子，小王没有说一句话，只是握着他的手。之所以没开口，肯定是因为小王当时顾虑太多：说客套话吧，自己不太会，也表达不了心情；不说话吧，又有点尴尬。所幸去的时候带了一束花、一些礼物，不至于显得那么别扭。坐了一会儿之后，小王就离开了医院。这位朋友告诉我，在整个过程中，两人真的一句话都没有说。

我们这位朋友知道小王性格一向如此，也没责备，也只是当作一个谈资和我分享。毕竟，这样的沉默比虚情假意的关心要诚实许多。可话说回来，小王平日里接触的不一定都是懂得他的人。不懂得表达自己的心意，甚至连一句普通的客套话都说不出口，终究还是让人觉得有点儿“不会办事”，至少没有达到理想中的安慰病人的效果。

人在生病的时候，情绪往往不稳定，焦虑、沮丧、悲观时常来叨扰内心，惹人胡思乱想。况且，医院的环境比较封闭，四周全是单调的白色，时而还可能听到邻床病友们的一些“坏消息”，令人惴惴不安。为了缓解病人的情绪压力，让病人放下心理包袱，在探望病人时说两句充满真情和祝愿的客套话，是必不可少的。

同样是看望病人，我听我一个阿姨给我讲过她的一个故事：我这个阿姨在大学教书，是一个教授。一次体检时查出患有乳腺癌，近期在医院做了手术。术后的几天，不少亲戚朋友都来看望她。她的同事L刚一进病房就先笑，坐到床边握着她的手说：“我听说你得了点小病，这几天学校的事情特别多，拖到现在才来看你。”

听对方说自己得的是“小病”，我这位阿姨刚刚还阴郁的脸，顿时露出了一丝喜悦。L又说：“我看你的气色还不错。像咱们这个年纪的女人，得这病的人还真是不少。去年我们家邻居也是这样，做了手术之后，回去养了一个月就好了，一点儿事都没有。”阿姨本来心里对自己的病还有点担心，听L这样一说，心里舒服多了。

L看到床头放着一本书，随手翻了翻，感叹道：“我真羡慕你呀，还能在这里看看书。有时候，我都想到医院里来‘躲’上几天，抽空读读书、看看电影，现在每天家里家外忙得我呀，一点儿闲工夫都没有。”我阿姨的女儿在一旁听着，不由得笑了，心想：这个L真是会说话，难怪母亲平日里老念叨跟她聊得来！

临别时，L又说道："顺便告诉你一下，我爱人他们单位发了两张话剧的票，恰好是一个月之后的，到时候咱们一起去看！你好好养着，我过些天到家里去看你。"L走了，可她说的这些话却像阳光一样，让我这位阿姨心里暖暖的。

客套不是虚伪，是礼貌和尊重。无论生活还是工作，都需要语言作为纽带。会说客套话的人，处理人际关系总能游刃有余，让人喜欢听、愿意听，提出的意见或建议也更容易为人所接受。不会说客套话的人办起事来就略显尴尬了，可能会造成不必要的误解，出现人际关系障碍。时间一长，就会给人留下不好接触、不会处世的印象。

客套话说起来要给人言必由衷的感觉，字字句句透出真诚，而不能让人觉得是虚情假意的恭维。有时，客套除了用语言以外，还可以借助眼神、手势，总之要透出礼节和真意。

日本松下电器公司的CEO松下幸之助，就是一个很会运用客套的人。他在交托下属去做一件事的时候，总忘不了要说一句"这件事拜托你了"；遇到员工时，也会鞠躬说"辛苦了"之类的客套话；有时还会亲自给员工倒一杯茶、送一件小礼物。因而，员工们对他也是非常尊重，乐意为之效劳。

下面，我们来看一些常用的客套话，这些话无论是在工作中还是生活中，无论是和陌生人还是熟悉的人，都应该常说：

初次见面说"久仰"，好久不见说"久违"。

请人评论说"指教"，求人原谅说"包涵"。

求人帮忙说"劳驾"，求给方便说"借光"。

麻烦别人说“打扰”，向人祝贺说“恭喜”。

请人改稿说“斧正”，请人指点用“赐教”。

求人解答用“请问”，赞人见解用“高见”。

看望别人用“拜访”，求人办事用“拜托”。

宾客来到用“光临”，送客出门称“慢走”。

招待远客用“洗尘”，陪伴朋友用“奉陪”。

请人勿送用“留步”，欢迎购买叫“光顾”。

与客作别用“再见”，归还物品叫“奉还”。

概括起来，想让别人怎么对你，你就要怎么对别人。客套看似平常，却可以把人际关系引入一个良好的互动中，像柔风一样暖人心窝。

沟通不是说个没完，有时倾听更为重要

人有一张嘴和两只耳朵，潜意识就是多听少说。生活中，善于倾听的人才算是有魅力的人。尊重和赞美别人的方式之一就包括倾听。大家都知道，在人际交往中，那些能说会道的人不是最善于与人沟通的高手，真正的高手是那些懂得倾听，善于倾听的人。也许你会认为，在人际交往中我们都没和对方说几句话，何谈给对方留下深刻的印象呢？可是大家忽略了一点，正是因为倾听让我们给对方留下了良好的感觉。

乔·吉拉德花了近一个小时的时间好不容易让他的顾客下定决心买车，接下来的步骤很简单：仅仅是把顾客带到他的办公室，签好合约。

就在他们走向乔·吉拉德办公室的时候，那位顾客突然说起了关于他儿

子的事情。

顾客十分自豪地说："乔，想必你一定知道普林斯顿大学吧？我的儿子被那所大学录取了，他将来就要涉足医学这个行业了。"

乔·吉拉德回答："真是太了不起了。"

当两个人继续向前走的时候，乔·吉拉德并没有看向自己的那位顾客，而是四顾看其他的顾客。

"乔，我儿子很聪明吧？当他还是婴儿的时候，我就发现他非常的聪明了。"

"哦，那还真是有才华啊。成绩相当不错吧！"乔·吉拉德嘴里应付着，眼睛却像雷达一样在四处看。

"当然了，没错！他是班里最棒的一个。"

"这么厉害！想必一定有一个很不错的专业吧？他将来要做什么呢？"乔·吉拉德心不在焉。

"乔，我刚才已经说过了，我认为你并没有认真听我说，我儿子考上了普林斯顿大学，以后要当医生。"

"哦，那太好了。"乔·吉拉德说。

那位顾客觉得乔·吉拉德不是很尊重自己，于是，顾客打了一声招呼便走出了车行。乔·吉拉德木讷的站在原地，因为他还没有意识到自己究竟哪里做错了。

次日上午，乔·吉拉德一上班就给昨天那位顾客打电话，诚恳地致歉道："我是乔·吉拉德，昨天是我照顾不周到，希望您能原谅，现在我们这里有一款新车，您能来一趟车行吗？"

电话那端，顾客不耐烦地说道："哦，原来是这个星球上最伟大的推销员先生啊，抱歉地说一句我已经买到了新车，而且是一辆很棒的车子。”

“是吗？”

“没错！我是从一个懂得倾听的推销员那里买到的。乔，要知道，当我对他提到我儿子让我多么骄傲的时候，他是多么认真地听，而不是东张西望。”顾客接着说道：“你知道吗？乔，倾听对一个人来说就是尊重，我儿子当不当医生对你来说并不重要。对你来说，签不签合同才最重要！顾客的喜恶你完全不在意，也不懂得如何去认真聆听，真是个笨蛋！”

在那一瞬间，乔·吉拉德才恍然大悟：原来自己犯了个如此巨大的错误——没有人会喜欢不听自己话的人。

我们在日常交流中，应当多听听他人的诉说，满足他人倾诉的愿望。人都是这样，只有感到别人认真听自己的倾诉后，才会感到被尊重，继而有了更深入的谈话。我们只要认识到这点，为人处世才会变得顺利，且离成功也就不远了。

著名谈话节目主持人鲁豫一直都是以亲切知性的邻家女孩形象出现在电视荧幕上的，很多人都被她轻松随意的谈话方式所征服，尤其是那种“倾听式”的主持风格让人印象深刻。

记得在一期节目中采访易中天，鲁豫就用倾听的方式让易中天在节目中畅所欲言，从而达到了良好的收视率。

例如，在节目中，鲁豫想了解易中天在学校教书时和在百家讲坛中讲座时有何区别，就对易中天说道：“您有这么多年的讲课经验，所以在《百家讲坛》讲课也并非一件太难的事吧？”

鲁豫明白，每一个大学教授在做电视节目时刚开始都会有明显的不适应。而鲁豫又没把这个问题明说，通过几句对易中天的赞美，把这个问题看似平淡的抛了出来。而易中天果然对于做节目有很多的“苦”想诉说。听了鲁豫这样抛砖引玉的提问后，易中天感叹地说了一句“难啊”，然后便开始讲述上课和电视上讲座的区别到底有多大。从“以前有很多学者在《百家讲坛》失败的经历”说到“电视观众和学生的不同反映情况”；从“电视剧与话剧的区别”说到“电视讲座所要借鉴的戏剧要素”。像打开的水龙头一样一发不可收拾。

在易中天的讲述的过程中，除了一处必要提问外，鲁豫和其他观众一样都是在扮演着倾听者的角色。正是这种倾听的氛围反而使易中天情不自禁地展开了更宽广的话题，也使观众们更深入地了解了易中天，当时节目现场也是掌声不断。

有时候对别人最好的尊敬就是倾听。专心地听别人讲话，胜过你给别人很多的赞美。不管说话者是什么人，倾听能达到的功效都是一样的。人们的共性就是把关注度放在自己的兴趣和喜好上，同样，当你在谈论自己的时候，对方在全神贯注地听你讲，你心中自然产生一种被重视的感觉。

〉〉〉〉Part 3

站在对方的立场，沟通自然顺畅无比

多为对方考虑，才能交到真心的朋友

众所周知，如果想让别人成为自己的朋友，你就要从对方的角度来思考问题。也就是说只有做到想人之所想，急人之所急，你才能交到真正的朋友。

我一个小兄弟叫魏云。他在一家外企工作，还在实习期内时，他一点都不敢懈怠。因为在外企里，竞争十分激烈，况且实习期内的他还没有跟公司签订正式的合同。然而，一批实习人员最终肯定有人离开，魏云不希望离开的会是自己。于是，他一直很努力地工作，但是这三个月以来他并没有取得一定的成绩，只是能够完成自己的任务罢了。

实习期快结束了，魏云很担心自己会丢掉这份工作，但是他也想不出什么办法来解决这个问题。于是，他找到我，向我诉说这三个月来的工作状况，并表示了自己的担忧。我听后若有所思地想了想，然后对他说："你一直都忙于工作，是不是忽略了什么东西？"魏云听不太明白，便让我继续说。

于是，我继续说道："你光顾着工作，但却忘了一件最重要的事，那就是搞好与上级和同事的关系。其中，最重要的还是与上级的关系，因为上级的一句话就可以决定你的去留。"魏云这才恍然大悟，他才意识到自己一直埋头苦干，与上级的交流也不多，与同事除了业务上的往来也没有什么私交，

导致了他在公司里孤立无援的境况。还有几天试用期就结束了，魏云决定在最后这几天尽最大的努力搞好人际关系。

第二天他去上班的时候，就提前到了办公室并开始打扫卫生。虽然这并不属于他的工作范围，但这至少可以让办公室的人注意到他，他只想尽力做得更好些。这一天经理上班之后，他主动带着自己的方案来找经理讨论。其实他并没有太在乎这个方案是否能被采用，而是想让经理知道他有能力做好工作。事实上，经理对他的方案很感兴趣，而经理也在纳闷，怎么这么长时间了，他都没注意到这个人才呢？于是，经理决定重点培养他。在接下来的几天里，他不光得到了经理的认可，还得到了同事们的好评。

试用期过后，魏云顺利地留在了公司，并且在三个月后被提升为经理助理。当初，如果他没有听我的一番话，主动去和上级搞好关系，并抓住上级这层关系的话，他很可能就需要重新去找工作了。

魏云最终成功地保住了自己的工作，并且很快得到了晋升，这说明他很好地抓住了上级的心。天下没有不爱才的上级，他也需要一个得力的干将来为自己出谋划策。当然，在努力得到上级的青睐时，绝不能去走阿谀奉承的路。

其实，不只是在工作上要从上级和同事的角度考虑问题，在日常生活当中，即使是结交一个普通朋友，也要从对方的角度来考虑问题。比如，你初次结交一个朋友，对方可能一开始对你并不信任，而只要你肯从对方的角度考虑问题，你就应该知道自己该如何来赢得对方的信任。大家都知道，只有舍身处地地为对方着想，对方才能真正把你当做自己人生中的益友。

在商场上，要想赢得一个客户，就更要想他之所想，弄清楚他真正想要的是什么。若是需要服务，我们就给予其最好的服务；若是想要低廉的价格，我们就拿出最大的诚意来表示自己的合作意向。只有在了解了对方的想法之后，我们才能做出更好的回应。要想做成生意，就要尽量从对方的角度出发，让对方体会到我们为其考虑的苦心和诚意。那么即便仍有些不尽如人意的地方，他们也会因为我们的真诚态度与我们达成最终的协议。

总之，想要打到猎物，就要学会站在猎物的立场上思考，能从对方的角度考虑问题，就能更好地满足对方的要求，从而达到我们的目的。

沟通需先懂得尊重，他人的隐私最好少谈

每个人都有属于自己的、不愿与人透露的秘密。尊重他人的隐私，不仅能体现我们对他人的尊敬，更体现了我们自身的道德和修养。

即使你无意中知道了别人的秘密，也要给对方留面子。不要随意拆穿，更不能拿出来开玩笑。这样会伤到对方的自尊心，从而造成隔阂。你只要装作不知道这个秘密就一团和气了。

有的人持这种观点：他们认为陌生人的隐私没有权利看，而对于比较亲密的人则可以偷看他们的隐私。持这种观点的人是错误的，即便是最亲近的人，哪怕是夫妻之间，也应该给彼此留下足够的空间。不要觉得对方什么都应该告诉你，对方的就是你的。这样不仅会让你们之间的关系变得紧张、恶劣，这更是你对对方的一种不尊重、不信任。将心比心，只有懂得尊重别人的隐私才能让感情长久。

承载隐私的东西很多。诸如电脑、手机、笔记本等都是隐藏秘密和隐私的载体，在没有经过别人允许的情况下就不能去翻动，这是做人最起码的道德和品质。尊重别人的隐私，就能得到别人的尊重。

我朋友小琳就是一个聪敏的、懂得尊重别人隐私的人。小琳和老公在一起 8 年，至今都没有查看过一次他的手机、电脑、邮箱。即便是在午夜时分他仍未回来，小琳也不会打电话去追问他在哪里，和谁在一起，又在做什么？她老公的朋友都很羡慕他找到了一个通情达理的女人，以至于他会偶尔幸福地和小琳抱怨一下，“为啥你从来都不问我在外面干什么？搞的那些人都觉得你根本就不在乎我呢？”

小琳只笑不语，知道他的抱怨不过就是一种甜蜜的炫耀。她说：“你和我讲过太多不通情理的女人的事迹。比如，谁的老婆昨晚去大闹你们的牌局了；谁的女朋友前天一整晚的夺命追魂 call 了；谁家里的向你们每个人求证她老公是不是真的和你们在一起了；还有谁的老婆又不让你朋友进房睡觉了……这些东西听多了，我自然知道你并不喜欢我这样去干扰你的生活。即使我知道一些小秘密，我也装作不知道，就让它是个秘密好了，这样我们的关系会更好。”

8 年来，小琳夫妇可以一直恩爱如初，最大的原因，就在于他们都给了对方保留了充足的个人空间。他们不去探寻对方的隐私，不去介入对方的生活。

爱情，有点距离才会美。

同事、朋友之间也是一样的。大家都有自己的秘密，我们也要像对待爱情一样，来对待同事、朋友，给大家保留一定的个人空间，让彼此有调整的机会。

所以，与人交谈时，最忌讳的就是随便提起别人的隐私。反之，如果你照顾到别人的感受，你就会给别人增加好感，进而增进你的人际关系。

每个人的隐私不同，可能有的隐私是一汪苦水，也有的是一片美景。不论是什么，每个人都有保留自己的隐私的权力。尊重别人的隐私，就等于是在尊重别人的人格，同样也是尊重自己。

怼人没有好处，尤其是在对方“落难”时

人生不会永远一帆风顺。谁都有时运不济的时候，不论何时都要给自己留一条后路。得意时，也不要把别人逼进死角，要给对方台阶下。这不仅是给对方机会，也等于是为自己留了扇窗户。

“三十年河东，三十年河西”，如果当初给他人留了后路，落魄时对方也会对你伸出援手。如果之前太过盛气凌人，别人只会对你落井下石。

前几年，我的妹妹刘静大学毕业后，和她的同学王艳进了同一家服装公司。因为是好友，所以，俩人一直很和睦。但后来，刘静就开始和我发牢骚，而牢骚的主要原因是两个人开始暗地里较劲，都想早日评为优秀员工，好升职加薪。

有一次，刘静整理的数据出了问题，领导在办公室里狠狠批评了她：“你来公司这么久了，怎么都不长心啊？这么简单的事你也出错，真是让我太失望了。”

这时候，王艳正好也来交东西，看到这一幕不但不给刘静台阶下，还趁机添油加醋地讽刺：“我们是同一天来公司的，算算日子也不短了。”王艳的讽刺之意非常明显，刘静心里很生气。

领导又批评了刘静几句才让她出去重做。

“你刚才在办公室为什么添油加醋地数落我？再怎么说我们也是校友啊。”刘静拦住王艳质问她。

“我哪有啊？”王艳还不承认。

“你还不承认！以后你有事别求我！”刘静一时生气，开始发火。

“求你？哼，我才不会出错，咱们今天就一刀两断，以后走着瞧。”王艳把事做绝了，没有考虑这样做的后果。

三个月之后，刘静被评为优秀员工，提了组长，成为了王艳的上级。当时，我告诉刘静，虽然成了组长，但也不要对王艳有什么报复行为，毕竟俩人是同学，也是好友，千万别因为工作上的事失去了一个朋友。刘静也听进去了我的话，没有对王艳有什么刁难。但她后来告诉我，她和王艳再见面时，还是会尴尬。而王艳因为当时说话带刺让她再面对刘静时也很不自在，最后没办法，还是辞职，重新找工作了。

俗话说："饭可以多吃，话不可以多说，事不可以做绝。"这是为人处世的重要原则，也是中庸之道的重要体现。不给别人带来压力，同时给自己留一条后路，何乐而不为呢？王艳最后只能辞职走人，就是因为当初不懂得适可而止，丝毫不给自己和别人留余地，最后只能自食苦果了。

每个人的生活都会有起伏，甚至会是一种轮回。一时得意，也总会有失意来临；一时猖狂，也会有落魄来品尝。如果不懂得给别人留余地，甚至借机落井下石，之后必然会受到打击。说话做事适可而止、留有余地，才是保护自己的最好方法。

我们周围总有这样的人，年轻气盛，做事冲动。总喜欢凭借一时之气，把话说绝，把事做绝，最终把自己逼入窘境。把事做得太绝，就好比杯子里装满了水，继续加水之后只会溢出，很难再满。

说话做事是需要智慧和胸怀的，有些事你再有把握，也不能万分肯定，更不能把话说绝，丝毫不给人留质疑的余地。这么做不但会引起他人的反感，还可能给自己带来后患。

我有一个朋友叫王琳。王琳大学毕业后，找了份很不错的工作。待遇丰厚，活儿也不累，还有大把的休息时间。

她有些小虚荣，特别喜欢在别人面前显摆自己，炫耀自己有钱，彰显自己有追求、有品位。

每次见到朋友，她都会说："我的梦想就是环游世界，见识形形色色的人和事，那时，我就再也不是平庸的井底之蛙了。"

起初，大家都以为她说的是真的，都称赞她是浪漫主义者。

但是很久之后，她还是逢人就说自己要环游世界的梦想。渐渐地，大家都开始反感。

我们有一次聚会，一个朋友忍不住嘲讽她："你不是说一定要去环游世界吗？那你去过多少国内的旅游景点呢？"

王琳尴尬地说："几乎都没去过。"大家忍不住嘲笑她。

我当时赶紧出来打圆场说："没事，没事，计划往往赶不上变化，王琳的计划肯定会慢慢实现的。"

我的及时救场，让王琳感激不已。从那之后，王琳时不时的就送些礼物给我，在我需要帮助的时候，王琳总是伸出援手。

每个人都有陷入尴尬、遇到困难，需要及时救场的时候。这时如果我们能为他人铺就一条出路，就等于给自己留个后路。

还有，我们要端正自己的态度，不要拜高踩低，不要戴着有色眼镜看人。有些人比较势利，看着他人落魄就冷眼相待，甚至认为对落难者的投资是无用的。因此，面对请求能躲就躲，不愿意伸出援手。然而，谁都有机遇不好的时候，现在落魄不等于永远不济，之后说不定还大有作为。

再者，我们还要有多在冷庙烧香的见识。平时有意识地多帮助时运不济的人，等他们有朝一日，飞黄腾达之后，通常都会涌泉相报，这么做，也等于为自己留了后路。

做事留有余地是一种豁达睿智，是宰相肚里能撑船的表现，可以感动人心，得到别人的支持。要想在交际道路上走得更远，给自己留条后路是最好的方式。一旦发生不利的事，还会有回旋的余地，不致太孤立无援。

你管不住别人的嘴巴，但可以管住自己的

丈夫和妻子吵架后，就负气出走了，一连几天都没回家。妻子很着急，连忙去登寻人启事。启事的内容是这样的：

“×××，身高 1.75 米，五官端正，目光深邃，眉毛浓黑，脸的轮廓棱角分明，看上去风度翩翩。离家出走时，身穿蓝色衬衣，黑色长裤，棕色皮鞋。如你见到广告请速回，你的妻子很想你。”

登寻人启事的工作人员看了后笑着说：“通过你的话，可以看出你的丈夫是个英俊的男子啊……但这些话有点空洞啊，他还有其他什么鲜明的特征吗？”“有！那就是他的光头了！”“早说啊，这才是重点。”“但你千万不能写上去啊，就是因为我说他是个秃头，他才负气出走的！”妻子不好意思地低下头说，“这也是我不说重点的原因了……”

从这个笑话中，可以让人更清醒地意识到，说话前不加以思考，后果是多么可怕啊。

说话从来不经过思考，并且恶语诋毁自己不了解的人和事，这样只会显露自己的浅薄和无知。很多时候，想要诋毁他人的人不仅贬低不了别人，反而更会让人注意到自己的无知与丑恶。

我有一次坐公交，在车上有两位女士不知为什么发生了争执。年轻的是

一个相貌平平、打扮时髦的女孩，年长的是一位气质高雅的中年妇女，从她的相貌上来看，她年轻时一定非常漂亮。也许是年轻女孩理亏，她竟然以自己年轻作为优势去嘲笑那位中年妇女“老菜皮”。而那位中年妇女并没用脏话来回击女孩的辱骂，她微笑着说：“你也有老去的那天，但你的相貌从年轻时就不会让人喜欢。”车厢里的人都哄笑起来，那女孩立即哑口无言了。是啊，这句话太精辟太富有哲理了。女孩不经思索脱口而出的恶语，到头来却伤了自己。

我们每个人都曾年轻过，但并不是每个年轻的人都漂亮过。就像公交车上的那个女孩，她的年轻中年妇女也曾经拥有过，可是妇女的漂亮这个女孩却不可能拥有。也许女孩可以通过整容或者化妆弥补自身的不足，但那毕竟是经过加工后的“作品”，不是她本来的面目。妇女很精辟的一句话就击中了女孩的软肋。这个女孩就是因为开口之前没有仔细思量才落得个哑口无言的结果。

事物总是相辅相成的。用恶语诋毁他人的人，往往是最缺乏知识的人。在公共场所，我们不是经常可以听见那种自以为是的、令人发笑的评说吗？

记得去年夏天，陪一位女性朋友逛街买衣服。当我们到一家时装商店选购连衣裙时，我朋友看中了一条纯白色、腰间打着皱裥的连衣长裙。因为她个子很高而且比较瘦，所以对服装颜色和款式的选择范围比较大。她正在试穿着，忽然听到身后有一个大嗓门的女士说：“这条裙子蛮好看的。可惜我们囡儿胖得像山东人一样难看，这种样式的裙子她穿不下的！”

我这位朋友是山东人，因此听到有关山东人的评论自然就会比较注意。于是她回头看去，只见说话的是一位长得比较矮胖的中年妇女，估计她女儿的身材也和她差不多。于是，我这位朋友假装没弄明白她的话的意思，笑嘻嘻地对她说：“哎呀，你也是山东人啊？我和你是同乡嘛！”

那位中年妇女一听我朋友这么说，仔细打量了她一下，忽然变得很尴尬，连忙转身走了。周围的女士们都笑了起来。

人一生都会有许多不明白的事情。哪怕你活到一百岁，照样有很多你不知道的东西，所以，单纯的无知并不可笑。真正可笑的是你不仅不知自己的无知和浅薄，还到处兴风作浪，最后只换个别人看笑话的结果。就像公交上的女孩，如果她没有嘲笑那位中年妇女的年龄，那么在别人眼里她大约是个虽然不怎么漂亮，但却焕发着青春气息的清纯女孩。然而她的恶语却使她显得既浅薄又粗俗。就像那个时装店的中年妇女，如果她不用恶语形容山东人，那么在大家看来她不过是个长相普通的平常妇人，然而她的恶语却使人们感到她不仅长得丑，而且还很粗鄙浅薄。

我在一本杂志上还看到一个故事：有个年轻的女孩找圣菲利普倾诉自己的苦恼。这个女孩不坏，但她最大的缺点就是给人传话。当然，很多人因此受到了伤害，女孩并没有从中得到任何好处，反而人们都不喜欢她。

圣菲利普决定惩罚一下这个女孩。于是让她拔鸡毛并散放到路边，并且还要她记下拔了多少鸡毛。

女孩依言而行。圣菲利普又让她把散放在路边的鸡毛全捡回来。女孩也照做了，但她却哭着说：“我根本就不能把所有的鸡毛捡回来，风一吹，鸡毛就全跑了。”

“这就对了，那你传出去的那些愚蠢的话，还能收回来吗？”

所以说话之前一定要三思而后“言”，不要只快乐了自己，却给他人造成不良的影响。

还有就是多听少说。一旦意识到自己要说出来的话对别人不利时，保持沉默，不要让这些邪恶的羽毛散落路旁。你管不了别人的嘴巴，但是可以管住自己的。所谓谣言止于智者，你能不去乱说话，就充分说明你是个智者。

与人沟通时，学会把“我”变成“我们”

在沟通的过程中，如果总是把“我”字放在嘴边，会给人很自私，很狭隘，很没有团队协作精神之感。这样的人不但没有人愿意与之成为朋友，而且企业也不会乐于接受这样的员工。所以，无论与什么人沟通，都不要把“我”字放在嘴边。所谓“说者无意，听者有心”，即使你不是故意的，别人还是会觉得很不舒服。

与人沟通时把“我”变成“我们”，对交往百利而无一害。这是因为把“我”字变成“我们”显得非常谦虚，说出来的话别人更爱听，听了爱听的话自然就会心情舒畅，这样你在与其谈事的时候也就不会有很大的障碍了。

看到过一个招聘的故事：一家大型公司发出招聘信息后，应聘者接踵而至，多达百余人。当时，公司只需聘用两人，于是在一番精挑细选后，从众多应聘者中选中三人，以进行下一轮的角逐。

由该公司高层管理人员组成的招聘小组经商讨后，为这三人出了一道这样的题目：“假设你们三人一起开车去森林探险，结果车子在返回途中抛锚。这时，车内只有四样东西供你们选择，分别为刀、帐篷、水和绳子。请你们按照这些物品对你们自身的重要程度进行选择吧。”

其中的一位男士首先答道：“我选择刀、帐篷、水、绳子。”

负责招聘的高层领导问：“你为什么把刀放在第一位？”

这位男士说：“我不想害人，但防人之心还是要有的。帐篷只能睡两个人，水也只有一瓶，万一有人为了争夺生机，想谋害我怎么办？我把刀拿到手，也好进行自我救助啊。”

其中的一位女士说：“水、帐篷、刀、绳子这四样东西是我们大家都需要的物品。”

“我们大家”这个词引起了招聘负责人的兴趣，他微笑着问这位女士：“说说你的看法。”

女士解释说：“水是生命之源。尽管只够两个人喝，但大家都谦让一点，省着点是可以共同度过危机的；虽然帐篷只够两个人睡，但三个人可以轮流睡；刀也是路上必不可少的；当我们遇到不好走的路时，可以用绳子把大家绑在一起，以防意外。”

另一位男士的回答与这位女士的回答大致相同。

结果，第一位男士被淘汰出局。

这就是把“我”字挂在嘴边给人带来的不利影响。一个过分以自我为中心的人，无论做什么事情都喜欢表现自己。他什么事都抢着去做，把功劳归在自己的头上，过错却推给别人，没有人愿意与这样的人为伍。

在一本销售的杂志上读到过一个故事：一个肥胖的女孩来到服装店买T恤，可是试了很多件都不满意。自己喜欢的穿不上，能穿上的又不好看，她看着镜子中的自己感到有点自卑，甚至想一走了之。这时候，一个和她身材差不多的导购小姐走过来问：“是不是很难挑到中意的？”

“是啊！”

“像我们这样身材有些胖的人，很难买到合适的衣服，我就经常买不到。”

导购的话一下子说出了女孩的苦恼，女孩点点头说：“就是的，很多衣服我都很喜欢，可是没有大号，我穿不了。”

接着，导购耐心地向女孩传授了一些胖人穿衣服挑衣服的技巧，最后说：“我们店里的衣服款式很多，而且号码齐全，瞧，这件就很适合咱们，你试试看。”

女孩对导购亲切的话语充满了好感，而且对导购的眼光很信赖，试穿之后立即决定买一件。

导购正是用“我们”一词，将自己和顾客从买卖关系变成了面临同样问题的“自己人”，结果，客人当然就对她增加了信任感和好感。

与人交谈时，用“我”和“我们”的差别就在于听者的感受。我们都比较喜欢听“我们”这个词，比如，“这是我们共同的家园”“这是我们共同的学校”“这是咱们共同的公司”。这些话的目的就是要用“我们”，将听话者变为自己人，激发听话者的积极性、主动性、自觉性。如果将“我们”换成“我”，听话者心里必然会产生想法，认为你对他不够尊重，同时也会认为你是一个极度自私的人，从而对你提高防范心。

所以，聪明的人无论与谁说话，都会把集体观念摆在心中的首要位置。把“我们”挂在嘴上，让说出去的话发挥出联络感情的作用，这会为你的社交大开绿灯。

争论没有任何意义，赢了又能如何

如果你想和别人有一个良好的关系，就要时刻注意自己说话的语气；如果你想和对方交朋友，就不要总是和对方在一些小事上争论不休。每个人都有自己的观点，因此应该时刻抱着宽大的心，让自己可以接受更多的、不同的意见。

每个人的生活背景不同，生活经历不同，因此每个人的思想也不一样。当我们想和别人交朋友时，就要先意识到这一点，这样就不会为彼此想法不同而烦恼了。有些人比较低调，他们不喜欢与人争执；但是，有些人却爱认死理儿，总想和对方争个高下。而事实上这种争执对他们来说并没有任何意义。

如果你和朋友为一个并非涉及原则性的问题来争一个高下，那么最终不过是伤了朋友之间的和气罢了。即便你在争辩上赢了，可是在人际关系上却输了，聪明的人从来不会为这些小事或是为了显示自己懂得更多来和朋友争辩。你要问问自己，是逞口舌之快重要呢，还是拥有一个朋友重要？如果为了争辩而失去了朋友，那绝对是不划算的。

我一个朋友和我讲过他同事王平的一个故事，让我印象很深刻：王平在学校的时候成绩就一直名列前茅，而且不只成绩优秀，他还是班里和学生会的干部。平时，很多事情都是由他来拿主意，因此他一直觉得自己很优秀。但自从出了校门，这种状况就改变了。他现今只是一个公司的普通员工，原来在学校里的那种光环不见了，但他依然心高气傲，不管做什么都不服管，觉得自己总有一番道理。作为一个职场新人，王平吃了不少苦头。

一次，他和办公室里的一位前辈因为一个程序处理问题吵了起来。他觉得自己编写的程序是对的，而那位前辈认为他写的程序稍微烦琐了些，程序写得越烦琐，以后出故障的可能性就越大。但是，王平却觉得那位前辈是在故意刁难他。因为他的程序本来没有错，就算是写得复杂了点，同样可以达到效果，干吗非要拿这件事让他当众出丑呢？于是，王平自以为是地据理力争，不管怎么说，他就想让自己的成果得以应用。最后由总经理出面，他的程序还是要改。因为这关系的不是他个人的利益，而是整个公司的利益。其实，王平心里也明白，程序修改一下会更好，但他放不下自己的面子。自此以后，总经理对他有了偏见，办公室里其他人和他也都比较疏远了。他不仅没有争辩过那位前辈，还留下了自己技术不过硬的坏形象。

王平开始反思自己：尽管自己在学校的时候是个风云人物，但与真实的社会相比，那就像一个过家家的游戏。他开始明白，在职场中，想要获得好人缘，那就要时刻保持谦虚谨慎的态度，与人交往的时候不要老想着一争高下，毕竟自己还是新人。于是他开始尽量去改变自己的境况。在一次午休的时候，他当着大家的面给那位前辈道歉，希望大家都能原谅他这个刚入社会不久的新人的冒失，之后邀请大家一起去吃自助餐，算是为那天的事赔罪。

在王平的邀请下，大家都欣然地接受了他的好意。后来他在办公室里和大家的关系也渐渐好了起来。

从王平的故事里可以看出，一个人如果喜欢与人争执，可能就会被认为是一个不易相处的人。那么，当你想要再与别人建立联系时，就会比较困难了。

要记住，遇到什么事情都不要急着与人争辩，先考虑一下是否是自己的原因。如果真是自己错了，那么就应该听取别人的建议。即便真理掌握在你的手上，你也该语气平和、娓娓道来。而趾高气扬地和人争辩，就算你说服了别人，别人在面子上也过不去，之后对你也将心存芥蒂。当然，也要选择合适的时机，采取合适的方式，来向对方阐述自己的理由。

总之，争辩不会为你带来朋友，相反，你可能会因此而失去更多的朋友。

每个人都有缺点，但那不是你调侃的“点”

每个人都会有或多或少的缺点，但在交际中，我们绝不能只盯着他人的缺点看，甚至对其不屑一顾。这不仅会伤害他人，树立不必要的敌人，还会影响自己在大众跟前的形象。

沟通是一门学问，如果总是对有缺点的人失礼，盲目地自我感觉良好，久而久之，自己也会失去人心。

我朋友张冰是高级俱乐部的会员。俱乐部每个月都会举行社交宴会，每次都会来很多名人，是拓展人脉的绝好场所。所以，在这里大家都会尽情展示自己的交际之术，以此来获得别人的关注。

张冰性格比较冷傲清高，她来这里的目的就是寻找完美的合作人。在交谈之中，她从别人口中听到了科技大亨张先生的“丑闻”。

据说张先生离过三次婚，最近的一次是一个礼拜之前。他的“小媳妇”偷了他很多钱，最后跟别人跑了。

张冰一听就对他满脸不屑，她认为这么花心滥情的人简直就是可耻的。

“嗨，你们好，我姓张，很高兴认识你们。”话说没多久，张先生就过来打招呼。其他人都很热情地给予了回应。

“哼。”张冰满脸不屑，她理都不理张先生，径直走开，跟其他人打招呼去了。张先生非常尴尬，他深深地记住了张冰。

有好几个朋友都提醒张冰，不要太过情绪化，更不能对别人无礼。哪怕是有缺点的人，他也会有了不起的一面，说不定还能成为合作者。张冰年轻气盛，对大家的劝告不屑一顾。

这世界真小，后来有一次张冰跟着同事去会见客户，结果正巧碰到了张先生，他什么也没说，只是含笑看着张冰。

这时，张冰懊悔极了，她真后悔当初让张先生下不了台，现在对方肯定不会跟她合作了。事实上，张先生是非常理智的科技大亨，他没有太为难张冰，但合作期间也只跟张冰的同事详谈。此刻，张冰才真正意识到当初的失礼是多么不应该的事。

从那之后，她再也没犯过类似的错误。她时刻铭记，他人的缺点绝不应成为自己失礼的理由。

所有人都有缺点，甚至是污点。如果只盯着他人的缺点看，必然会变得心胸狭隘，斤斤计较，失去更多朋友而变得更加孤独。

跟人沟通时，要时刻注意对方的面子。毕竟在交际场合，面子对每个人都是非常重要的。不要逞一时之快，而在人际关系中落于下风。

除此之外，在跟人相处时，要多肯定他人的优点。每个人都有缺点，也会有优点，当别人都在拿他人的缺点说事时，如果你能肯定他的优点，必然会得到他的感激，某天或许也会得到他的帮助。

有一次，我和前同事李亮一起吃饭，他给我说了他遇到的这样一个故事：

李亮是个朝九晚五的上班族，他最爱在下班的时候买水果。一天，楼下摆了个卖水果的新摊，他决定去买一些。

结果，他挑完水果之后才发现自己的钱包不见了，他找了很久也没找到。当时，真是尴尬极了。

“你是李亮吧？”卖水果的男子居然认出了他。

“对，对，我是。”李亮连声承认，但却不认识摊贩。

“我是小杜啊，之前在你们公司上过班，你不记得了？”

说到这里，李亮才有了印象。当时，小杜娶了一个长相难看的妻子，大家没事都笑话他，只有李亮一直很尊重他，肯定他的工作能力。

“这些水果你拿着吃吧。”小杜非常热情，让李亮感动不已。

虽然是件小事，但不难看出，多肯定他人的优点，少说缺点是赢得大家喜爱的好办法。

如果在谈话时，非要提及他人的缺点，这时就要掌握正确的方法。语言要含蓄，说法要委婉，最好一带而过。如果说话太过直接，很容易伤害对方的自尊，将矛盾激化。

在跟别人说话时，要客观看待他人，讲究正确的交谈策略。不主动提及他人的缺点，不碰他人的伤疤，用温和的态度以礼相待，你会发现，你的世界会宽阔许多。

》》》》Part 4

做个糊涂人，沟通并非让你时刻表达自己

面对不想回答的问题，学会答非所问

在社交场上会遇到形形色色的人，当然也会遇到让人难以回答的提问。如果不懂谈话技巧，很容易让气氛变得尴尬，甚至得罪人。在面对不想回答的问题时，要学会答非所问，巧妙化解。既不失礼，又保全了自己的面子。

有些人就是因为不善于巧妙回答提问，而让自己陷入被动，又无法让对方满意。如果不懂变通，就无法掌握沟通之术。

我的朋友小齐在保险公司干了很多年，能力没的说，就是不会说话。每次跳槽都是因为处理不好跟领导的关系。

再次辞职之后，小齐非常郁闷，整天借酒浇愁，还老抱怨没有人懂他。后来，好不容易有个老朋友想帮他一把，还是被他搞砸了。

老朋友想把小齐介绍到朋友张老板的公司，特意摆了一桌酒席，千叮咛万嘱咐，要他好好说话。

酒过三巡之后，张老板了解到了饭局的意思，问小齐说：“听说你的业务能力不错，为什么辞职啊？”

小齐不假思索地说：“因为跟老板的关系不和，不知怎么就得罪了他。”

老朋友一听就不高兴了，他想小齐怎么还是如此不会说话？赶紧打圆场

说："小齐比较实在，跟你开玩笑呢。他的业务能力挺好的。"

老板对小齐有了几分了解，不动声色地问："那你期望的工资是多少？"

小齐马上就要开口说越多越好，老朋友赶紧抢先说："大家交情不错，你根据他的能力给吧，他不会过多计较的。"

纵然老朋友在中间一再周旋，但小齐的表现还是让人不满意。最后老板找了个借口，离开了饭局。

"你怎么这么不会说话啊？我都帮你到这份上了你还是不争气，以后千万别再找我帮忙了。"最后，老朋友面子过不去，也撒手不管了。

小齐一个人坐在那里，又生气又无奈。

在沟通中，不要回答别人想知道的问题，要回答自己想回答的问题。尤其是在重要的场合，巧妙的回答不仅能让人满意，还可以显示自己的能力和才华，让对方产生好感。小齐是个不会回答问题的人，不加思考、不计后果的回答，只能暴露自己的短处，影响自己的形象。

在跟别人谈话时，哪怕是很熟悉的人也要好好回答对方的问题。从回答问题的方式，对方就能看出你的为人，直接影响别人对你的印象。有的人认为，话多说一句少说一句都没关系，在回答问题时常常信口开河，或毫无保留地据实回答。事实证明，这是不可取的。

这时答非所问就派上用场了。答非所问可以让我们巧妙地绕开他人的话题，既能避免尴尬，又能避免引起不必要的麻烦。懂得运用答非所问方式巧妙回答问题的人，总能在社交中如鱼得水，赢得"柳暗花明又一村"的新局面。

听以前做 HR 的朋友给我讲过这样一个故事：小王是刚入职场的新人，因为初生牛犊不怕虎，一来就得罪了很多人，这让他吃了不少苦头。后来，虽然他也意识到了不妥之处，但平时跟人聊天时还是有人故意刁难他。

在一次培训的时候，小王因为早晨有事迟到了五分钟。这可不得了，他一时成为了众矢之的。张老师是这里的老人，带头难为他：“哟，小王，你可是从来不迟到的，今天培训怎么迟到了？莫不是对领导有意见？”

面对这么故意为难的问题，小王很生气，但也不敢跟张老师对着干。于是他灵机一动说：“张老师，您来得真早，早就听别人说您是单位的楷模，以后我得跟您学习了。”

张老师还想发问，小王立刻打断他：“听口音您是北京人吧？我外婆家也是北京的，有机会到北京请您吃饭。”

就这样，小王通过转移话题，巧妙逃避了张老师的刁难，解除了危机。转移话题、转移对方的注意力通常都能收到类似的效果。

遇到实在不想回答的问题，还可以“曲解”对方的意思，假装听不懂，用糊涂方式应付过去。很多时候，那些谈资经验十分丰富的人很会设计谈话陷阱。如果按照常规的思维方式，必然会掉进语言陷阱，巧妙曲解就不会如此了。

如果对方的问题很有难度，或者一时不知如何回答，可以通过反问把问题抛给对方，让对方替自己回答。如此一来对方可能会因为不好回答而放弃刁难，或者自己也可以根据对方的回答而取其精华。

总之，在沟通中难免会遇到些不怀好意的刁难者。他们总会设置一些语言陷阱，如果我们不懂，就会陷入被动，被对方牵着鼻子走。所以，要培养自己绕开话题的意识，既给了对方有力的还击，又彰显了我们的智慧。

在沟通时，除了可以通过以上几种方式来应对他人不怀好意的问题，更要注意随时保持敏捷的思维，寻找对方话语里的突破口。只有如此，才能把问题回答得更好，才能一直占据交际的有利地位。

控制住你高兴的欲望，得意之时更要懂得谦虚

有位企业家曾说过：“当你经过千辛万苦为你的产品打开市场的时候，你最多只能高兴5分钟。因为你若不努力，第6分钟就会有人赶上你，甚至超过你。”这句话告诫我们，高兴应该适可而止。一时的成绩不代表永久的成功，如果得意忘形，一味张扬、炫耀，只会带来负面效应。

相信大家都听过特洛伊木马的故事。在特洛伊人和入侵者希腊联军的战役中，双方均有胜负。后来有人给希腊联军献计，佯装撤退之势，只将一匹大木马留在城外，在马腹内藏若干精干武士，其余主力军皆隐藏于附近。特洛伊人看见希腊大军浩浩荡荡地撤了，还真以为敌人就此罢手，于是将木马拖入城内，以做自己的胜利果实。

但让特洛伊人乐极生悲的事情发生了。就在他们享受春秋大梦的时候，木马中的敌人全都跳了出来，他们悄悄打开城门，和城外的主力部队里应外合，将特洛伊灭亡了。

在成功时不能抑制骄傲自满情绪是造成失败的原因之一。我们在取得阶段性胜利时，往往会喜不自禁，忘乎所以，这是人类最普遍的弱点。

举例来说，当上司提拔或嘉奖你的时候，你肯定会感到高兴、得意。高兴当然无可厚非，但是要记住不能忘形。如果你因为得到一点荣誉就翘起尾巴，不知道自己是谁，你就会因此而止步不前。在你高兴的同时，要记得告诫自己这与自己的职业规划比较起来，只不过是微乎其微的一点成绩。所以不能高兴得太早，还需要继续努力。

2007年澳大利亚总理竞选之时，37岁的布洛戈登被认为是最有可能当选总理的竞争者。但“未来总理”的称号让这位年轻的政治家有些失去自我了。

就在选举前的某天，他去参加一个酒会。因为其多年的政治对手巴尔决定退出竞争，所以布洛戈登一口气喝了6瓶啤酒以示高兴。他还笑称巴尔的马来西亚裔妻子是“邮购新娘”。

巴尔听说后不满地表示：“他的话不仅深深伤害了我的妻子海伦娜，而且也刺伤了跟我妻子一样背景的其他公民的心。”对此，布洛戈登遭到了澳大利亚总理霍华德强烈的谴责：“那真是天大的错误。我很了解海伦娜，她为人热情大方，怎么能用那样的言论来说她呢。”

后来，布洛戈登在记者招待会上对自己酒后的言辞表示道歉。迫于压力，他不得不辞去自由党党魁一职，这意味着他将痛失成为澳大利亚总理的机会。

布洛戈登的得意忘形使他忘记了尊重他人，别人自然也会对他产生排斥心理乃至敌意了。这就要求我们在做人的时候，要学会“心张扬而神不张扬”。

有心眼的人，在得意的时候，不会高兴得太早，取而代之的却是危机感。因为他们明白，一味醉心于取得的一点成绩，很快就会被别人击败。事实上，危机无处不在，无时不在。当你因为一点成绩而高兴的时候，实际上已经有很多人赶上并超过了你。当你在某一领域取得了一定成绩的时候，你无须过分留恋，因为你得到的成绩已经成为了过去，成为了你的影子。要知道，如果你对你的影子恋恋不舍，你就背离了照亮你的太阳。

在得意的时候，要学会谦逊。这是件很美的事，因为你会在平静中获得内心的充实。如果你确实有自夸的机会，那么，请将这一欲望抑制住吧，你将会受益无穷。

并非每个人，都能成为推心置腹的人

在社交中，我们可以和任何人和平相处，但我们不可能和所有的人成为朋友。沟通时，完全不必推心置腹地跟所有人交流。

不是所有的人都可以推心置腹的。就算是朋友，我们也要先经过慎重选择。找到一个或几个真正可以掏心掏肺的朋友，才能敞开心扉，推心置腹地交谈。

听朋友讲过这样一个故事：韩玮和杨秀是同事。韩玮是一个真诚的人，对谁都特别实诚；而杨秀是一个特别精明、圆滑的人，为了自己的利益可以不顾一切。

然而，韩玮一直把杨秀当成自己最好的朋友。因为杨秀很会隐藏和伪装自己。

老总的儿子华瑞刚从美国留学回来，对韩玮一见钟情，并通过不断的追求，终于打动了韩玮。华瑞和韩玮确定恋爱关系后，公司里的很多年轻女性都对韩玮羡慕、嫉妒、恨，这其中也包括杨秀。

有一天，韩玮邀请杨秀去喝酒。在酒过三巡后，韩玮哭了，杨秀觉得很奇怪。

韩玮说："秀，你知道吗？我其实心里最爱的人不是华瑞。我大学的时候有一个感情很深的男朋友。但是，他出车祸离世了。他死后不久，我发现自己怀了他的孩子。为了爱，我把孩子生了下来，并交给他父母抚养。这是我唯一能为他做的事情。"

杨秀听到韩玮内心深处的秘密后，惊讶之余，又很窃喜。

后来，杨秀把韩玮生过孩子的事情通过其他方式传给了华瑞，华瑞很快就提出了分手。而韩玮无奈地放弃了这段感情，辞职离开了。

在交际中，我们都希望能有推心置腹的朋友。但是，你一定要清楚地知道，不是所有的人都可以推心置腹。就像韩玮和杨秀，她们是朋友。但韩玮向杨秀说了自己的秘密后，却被自己视为朋友的这个人出卖了。

我们在与人推心置腹地交流的时候，往往袒露的都是自己内心最深处的情感或秘密。如果我们选错了人，他往往会把你的隐私视为你的弱点，并利用你的弱点把你打倒或达到自己的目的。

也许，你会觉得是别人出卖了你。其实，是你自己选错了人，是你自己把他（她）当成可以推心置腹的朋友。选对了人，倾诉可以缓解你内心的情绪，也可以得到他人的安慰和帮助，并能加深你与对方的感情。或许，对方也会把心底的秘密告诉你，你们就会成为交流最深的朋友。

我有一个刚毕业的妹妹叫张佳。她刚刚进入公司工作时，她的部门经理是一个比她大十多岁的大姐，叫周韵。有时，加班晚了，周韵就请张佳去吃夜宵。一来二去，她们就熟了。

有一次，周韵请张佳去喝咖啡，然后就开始非常煽情地讲自己的感情经历。说完后，周韵把话锋一转，对张佳说："把你的情感经历也说给我听听吧。我可是一个非常好的倾听者哟。"张佳含蓄地笑笑，不说话了。

我曾无数次告诉过张佳，职场和家庭不一样，并非每一个人都能推心置腹，有时慎言比能说更重要。张佳一直把我这句话记在心里，而且她还听同事们说过，周韵是一个心机重、野心大的人。所以，她想了想，还是不要把自己的情感经历告诉周韵的好。毕竟，她对周韵还是不太了解。

张佳说："我的经历太简单了，不值得一提。"张佳的回答，令周韵大失所望。她想挖张佳隐私的打算泡汤了。

后来，听说有一个女同事，因为和周韵交过心，结果却被她利用。张佳庆幸自己没有和周韵这种人深入交谈过。从此，她做事更加谨慎小心，对周韵也是敬而远之。

表里不一，暗中伤人者通常在你面前伪装得非常好，通过对你的关心，和你拉近关系。他们会在你情感低落时陪在你身边，假装安慰你，实则是在套你内心的隐秘情感。这种人还会先把自己的隐私告诉你，再希望同等交换，获取你的隐私。对于这样的人，你要留一些余地，对自己的事情要守口如瓶。

对有恶劣习性的人，也不要深交。这种人没有社会责任感，没有道德底线，只要给他一点好处，就会出卖朋友。把自己的隐私推心置腹地告诉这种人，无疑是在自己的生活中埋下了“定时炸弹”。

以自我为中心，自私自利者，也不是推心置腹的对象。这样的人总以自己的利益为出发点，很少真正顾及别人的立场与感受。这种人，会在你触及他的利益时，随时准备“牺牲”你的利益，而成全他自己。

对于那些心态灰暗，处事消极的悲观主义者，交往前也要三思。你推心置腹的倾诉，只会换来他的一声叹息。也许他不会出卖你，但他却不会给你良好的建议、正面的能量，还有真诚的安慰和劝导。

当你这样一一去排除时，你会发现你的身边真正可以推心置腹的人少之又少。在交际中切记：并非所有人都可以推心置腹。

学会隐藏，锋芒毕露最容易成为众矢之的

老子曾经说过：“良贾深藏若虚，君子盛德，容貌若愚。” 一个了不起的商人，深藏财货，而外表看起来好像空无所有；一个有修养的君子，内藏道德，而外表看起来好像是愚蠢迟钝的。这些才是真正有心计的人，因为他们知道

隐藏实力，才能避免让自己成为众矢之的。

以前作为学生的你，可能才华横溢，可能经常受到老师的赏识，可能很张扬。但是你要知道，在学校里，人际关系不会像社会上那么复杂。即便你锋芒毕露，也很少有什么隐患。但是，进入社会，面对形形色色的人，你就要学会巧妙地隐藏自己的实力了。

有人说曾国藩之所以能够功成名就，就是深谙藏锋不露之道。曾国藩由于从小受到家风的影响，生性刚硬倔强，这是一种性格优势，但也会带来消极后果。初入仕途，他本着为民请命、扭转危局的目的，采取了较为激烈的做法。道光皇帝去世后，咸丰继位。他趁新皇帝求治心切的机会，连上四奏，极陈天下弊政，请求革旧立新。皇帝未予重视，他竟在朝堂上当面指责皇帝，差一点儿受到严惩。带兵以后，因无实权，为求办事速效，他又与地方官员发生了激烈矛盾，甚至也引起了皇帝的猜忌。最后的结果是，咸丰七年(1857)他被迫居家守丧。一年后，由于胡林翼的活动和推荐，他才得以再次出山。

经此挫折，曾国藩性格产生了巨大的转变，也领悟了许多处世谋略。清人郑板桥曾经在家里题过“难得糊涂”四个字，还说“聪明难，糊涂更难，由聪明而糊涂更是难上加难”。聪明人多自以为聪明，往往乐于显露；而糊涂则要求人佯为不知。所谓的糊涂并非浑浑噩噩，而是隐藏聪明的策略，是一种为人处世的智慧。曾国藩早年锋芒毕露，为当权者所忌，就是因为当时其他官员对咸丰帝说：“曾国藩不过一匹夫，一回乡举兵，应者云集，实在可怕。”再加上曾国藩气势逼人，激化了同其他官员的矛盾。无论出于何种原因，过于显露自己都有坏处。

曾国藩自从被朝廷外放以后，深切感受到了“外吏之难，盖十倍于京辇”这句话的含义。经过几次挫折以后，他也学着糊涂了。

懂得隐藏，懂得退让，才能保证自己安全。而通常那些恃才傲物的人，却很难有好下场。

我有个好朋友，叫唐傲。他毕业于某名牌大学，有过硬的管理才能和游刃有余的公关能力，但他有一个缺点：争强好胜且易冲动。这也给他后来的职业生涯带来了不少麻烦。

唐傲毕业后就被珠海市一家中型合资企业相中，负责公司的宣传工作。当时他自己也这样考虑：应该好好干出一番事业来。初入职场的他写出来的文件颇受老总欣赏，曾多次受到老总的当众夸奖。但半年后，和他同一批进公司的两个同事都升职了，他还在原地踏步走，于是产生了不平衡的心理。他竟迁怒于人事部的经理，而且还和人家吵了起来。

最后，他居然放出这样的话："我豁出去了，不成功，便走人。"和人事部经理发生冲突后，唐傲被老总叫去谈话。老总意味深长地对他说："小唐，请你给我一个机会，让我了解你，认识你。"老总想再观察他半年，便让他做公关部经理。年终调整薪资的时候，唐傲的工资翻了将近一倍。这一喜讯没让他高兴多久，就又开始心理不平衡了。因为同一批和他进公司的同事又有了新变化，要么升职，要么外调别的部门任职，而他还是处于起跑阶段。

唐傲觉得再这样等下去是没结果的，于是又露出了他任性的本性。有一次，公司通知他在休息日加班，他觉得这样对自己不公平，便断然拒绝了公司的加班要求。这让公司高层领导觉得极为尴尬，于是，老总也没什么耐心给他考验的时间了。从此，老总将他打入"冷宫"，最后，他也自觉无趣，辞职了。

初入社会的年轻人往往急于显露自己的才能和实力，表现得锋芒毕露、急于求成。他们凡事都要争个"先手"，有时动不动还要来个"抢跑"，这必然会过早地掀起和卷入竞争，也会在潜规则下显得被动，最终落得个英雄无用武之地的下场。在社会中需要修炼的不仅仅是个人的才能，还有你张狂的个性。

说谎不等于虚伪，生活中有时需要些小谎言

我们从小受的教育就是为人要诚实，在沟通中，待人以诚是大家都认可的一个原则。

诚然，只有对别人付出真心，才能得到别人的信任。可有时候，特别是在自己陷入两难的处境时，我们要学会适当地说些谎。如此一来，既能照顾到对方的面子，也不致让自己陷入不利的境地。

我曾看到过这样一个故事：有个人叫李可。他为人诚实，最不齿的一种品行就是虚伪。因此，他一直要求自己，无论在什么场合，遇到什么样的人，都不能说谎。

可就是这样一个耿直之人，在他四十岁的时候，身边竟没有一个朋友相伴，连自己的亲人都不喜欢他，不愿意跟他说话。如今，唯一陪伴着他的只有一条宠物狗。

李可年轻的时候供职于一家大型互联网公司。凭借多年的工作经验，他很快升为公司的一名中层领导。出于职位的需要，李可每天不得不和各种各样的领导和员工打交道。

有一次，公司进行大规模的部门和人员调整，老总让每一位中层都上交一份方案。李可特别实在，该汇报、不该汇报的问题都说了，虽然说的都是实话，但也因此得罪了不少人。

其他的也就算了，他还揭露了部门经理生活不检点的问题。

这下经理遇到了大麻烦。好不容易才把事情摆平，没被上面追究。李可还跟没事人似的，觉得自己没有错，只是说了实话而已。但经理却把他当成了眼中钉、肉中刺，处处给他穿小鞋、使绊子。

最后，李可实在混不下去，只能辞职了。

“如果你当初肯帮经理说个谎，现在也不致如此啊。”有好心的同事提醒他。

“这是什么话，做人就应该说实话。”同事原来是好意，结果却挨了他一顿批。之后再也没人说他，也没人帮他了。他在“孤胆英雄”的路上走得更远了。

李可不是一个坏人，他很耿直。但就是因为太过诚实，什么都说，才让自己变成了讨人厌的危险人物。在社交中，必要的谎言还是要说的，这是保护自己的必要手段。

说谎和虚伪不是同义词。尽管两者都不是值得提倡的品行，但有时候前者只是一种必要的交际手段，无关人的道德或者人品。李可的悲剧就在于他混淆了这两个词义，导致其一生都没有人愿意亲近他。他失去了别人的尊重，也毁了保护自己的防线，最终只能以纸笔作为倾诉的方法，将心事付诸于文字。

美国社会心理学家费尔德曼将人们说谎的动机分为三类：第一类，讨别人欢心；第二类，夸耀自己和装派头；第三类，自我保护。

前两个动机我们可以理解，至于第三个，有的人就会觉得为了保护自己而说谎是一件很不光彩的事情。其实，只要我们说谎的目的不是为自己谋私利或者伤害他人，内心大可不必为此纠结。

生活中，我们不免要与人打交道，其间我们会遇到各种各样的人。并不是所有的人都值得我们掏心掏肺，有时候，我们需要做的只是交际而已。

如果对对方的一言一行都较真儿的话，很容易让对方觉得尴尬，而自己也不会给人留下好的印象。不分场合的诚实，不仅会伤害别人，也会伤害自己。

抛开道德的标准不说，说谎也是一种智慧，真正高明的谎言可以为我们在人际交往中的表现加分。所谓高明的谎言，指的是说谎的时机要适当，用词也要合理，并且还要满含着真诚，能让对方感受到温暖，同时面子也能够得以保全。

在生活中，我们经常会遇到这样的情况：本来已经打算好了周末要和女朋友出门游玩，可朋友却打电话来说，有没有时间小聚一下。这时候，如果直接坦白地说，不免会让朋友对你产生重色轻友的怀疑。

为了避免误会，你可以用一些听起来合情合理的理由。比如说，公司加班、家里有事等，并且很真诚地对他表示歉意，并和他约在别的日子见面。如此一来，既安抚了朋友，也保证了自己的正常行动。

在与人交往的过程中，恰当的谎言可以起到润滑剂的作用。我们没有必要固执于绝对的真诚，相反，如果谎言能够让尴尬的气氛变得活跃，让紧张的关系变得轻松的话，那我们就不必纠结于自己说的是真话还是假话了。毕竟，我们的目的达到了，既没有得罪别人，也保护了自己的利益。

在社交中，必要的谎言是不能少的，但不能说弥天大谎，也不能故意欺骗他人。否则谎言一旦被拆穿就会引起不必要的麻烦。因此，我们首先要分清楚场合，适当地说些无伤大雅甚至善意的谎言。

我朋友漫漫因为出了车祸，把脸划破了，缝了好几针。她从小就是一个非常爱美的人，这可吓坏了她，天天跟朋友哭诉，要死要活的。

“漫漫，没事的，不会留疤的。伤口虽然大，但不深。”当她受伤后我经常安慰她，怕她一时想不开。

“真的吗？你确定吗？”漫漫迫不及待地问。

“对，是真的，”其实我也不敢确定，但我只能说谎话了，“我之前一个朋友，脸被玻璃划破了，也缝了针。后来她用了好药，最后真的没留疤。”

听了我的话，漫漫安心了不少。后来，漫漫的脸上还是留了疤，但她已能坦然接受了。

如果我没有说谎，漫漫当时难免会想不开，做出不理智的事情。后来，虽然事与愿违，但漫漫还是很感激我。

还有，在说谎时要对人对事，不能满口胡诌。那样一眼就会被他人识穿，不但不感激你，反而会觉得你很虚伪。

比如，你跟一个长相丑陋的人说他长得好看，他一听就知道你在撒谎，甚至觉得是一种讽刺。所以，说谎要有事实根据，不能太离谱、太虚假。

值得注意的是，在为了拒绝别人而说谎的时候，要把理由说得详细，语言要真诚，让对方理解自己的无能为力，通过好话赢得对方的同情心。不能张口就来，随意搪塞避免被揭穿的尴尬。

在这个世界上，没有不说谎的人。尤其是交际场合，虚虚实实，很难说清。每个人心中都有不想被知道的事情，不论大小，这时必要的谎言就会产生作用。不但能满足对方的心理需求，还能保证自己不得罪人，这样对双方都好。

》》》》Part 5

学会拒绝，做到
不伤和气也不伤了自己

掌握沟通技巧，让拒绝的话委婉动听

生活中经常会受到来自他人的好意，有些会让人很开心地接受，但有些好意也要拒绝。

比方说，在生活中，有一些朋友邀请我们参加聚会或者活动。因出自好意，虽然我们心里不愿去，觉得浪费时间，但是又担心拒绝后让朋友心里不好受，只好勉强前去赴约。其实，如果我们能掌握一些说话的技巧，把拒绝的话说得委婉动听，便能让自己从为难中解脱出来。

毕业多年后，往日的同学彼此想念，有几个同学就组织了一次同学聚会，很多人都很开心地参加了。重逢之际，大家都很开心，聊天调侃，推杯换盏，不亦乐乎。我有一个女同学叫季婷，她其实并不能多饮，但看得出她又不好意思推辞好友的热情，就硬撑着和大家一起喝了起来。最后季婷喝得酩酊大醉，回家的时候连路都认不清了。幸好当时我返回拿外套时发现了她，打了她家人的电话才将她送回家。

同学聚会中还有一个叫赵莉莉的人。她知道自己不胜酒力，聪明地在喝了几杯之后，就去洗手间发短信告诉男友过半个小时打电话来，然后顺水推舟说“有急事需要先走一步”。大家看赵莉莉着急的样子，就让她赶紧先去

处理。

赵莉莉懂得如何委婉地拒绝他人让自己不至于为难，而不像季婷一样不懂拒绝导致喝得大醉，让自己陷入危险，还令家人担心。有些应酬是免不了的，但过多的应酬会让人们头痛不已。对于那些不必要的应酬，你要敢于说“不”，以便节约更多的时间和精力，去做其他更重要、更有意义的事情。如果因盛情难却，而不忍拒绝对方，别人会误以为你乐于参加，以后再有类似的邀约还会找你。

拒绝对方时，要给对方留退路、留面子，要给对方一个台阶下。聪敏的人一般都会很耐心地先听完对方的话。当听完对方说的话后，心里就会有了对付的方法，这时再去用委婉的语言说服对方。

其实，要想做到委婉地拒绝，你只需要做到两点的结合，那就是把拒绝的意思和对他的感谢之情一起表达出来。而你在表示拒绝的时候，态度一定要坚定，但同时要表达出你深深的歉意。比如拒绝邀约时可以说：“很高兴你邀请我去参加活动，但是这个周末我答应我阿姨要去帮她照顾弟弟。非常感谢你的好意，下次有机会，我们一起吃饭。”

有时，拒绝也不能把话完全说死，你可用拖延法说“不”。你可以这样说：“以后吧，你也方便的时候我们再约。”特别是在商界交际中，要让对方明白，这次拒绝，还有下次机会。

只有拒绝的方式真诚、妥当，对方才会欣然地接受你的拒绝。而在你拒绝对方时，还需要做到态度要和蔼，不能流露出不耐烦或者不高兴，这会让对方觉得受到侮辱或不尊重。还有一个关键的地方，那就是要明确地说出事实。不要采取模棱两可的方式，这会让对方猜不透你真正的意思，最后可能会因此产生误会或隔阂，导致你们的关系破裂。所以，一定要记得，当我们要拒绝别人的时候，一定要把你的拒绝说的委婉动听，这样就不会让自己和对方都处于难堪的境地。

拒绝别人之前，先送他一顶“高帽”

面对他人的请求，又想拒绝的时候，朋友们不妨试试“戴高帽”的方式。这种方式不仅能达到巧妙拒绝对方的目的，还能不伤和气。通常情况下，一个人被拒绝之后，心里会产生落差，他会觉得言语或行为遭受了否定，甚至会有一种被遗弃的感觉。这时，他急需要一种愉悦的情绪来填补内心的落差。如果你在拒绝对方之时，再加上几句赞美的话语，那将是非常完美的。在生活中，我们既害怕拒绝别人，也害怕被人拒绝。无论处于哪一方，都将遭受消极情绪的折磨。在这样的情况下，为什么不能将拒绝变换一种方式呢？就好像本来一个平常无奇的三明治，突然中间加了许多美味的蔬菜，那该是多么大的惊喜！所以，在拒绝对方的时候，我们要善于采用抬高的方式。

在一本书中看到一个故事，印象很深刻：早上，熬了一个通宵的王女士还没起床，就被一阵敲门声吵醒了。她很不耐烦地起床，胡乱穿了一件睡衣就开了门。只见门外站着一个十七八岁的女孩子，正犹豫着要不要继续敲门呢。王女士上下打量了对方一番，发现这个女孩子穿着随意的T恤和牛仔裤，手提一个袋子，袋子印有“某某化妆品”的字样。一看这架势，应该是上门推销的。

王女士有些不耐烦：“大清早的，怎么就上门推销东西了？”那女孩子态度很谦和：“不好意思，姐姐，打扰你了，我是某某公司……”“姐姐？”王女士看着邋遢的自己，好像还把自己看年轻了。那女孩子谦逊的态度，让王女士不好拒绝，但是她平时最讨厌这种上门推销的业务员。她一边听那女孩子推销产品，一边思考怎么拒绝她。

不一会儿，那女孩子就介绍完了产品，然后试探地问：“姐姐，你平时用化妆品吗？”果然，马上就转到正题了。王女士摇摇头说：“我白天晚上这样忙，哪里有时间去护肤呢？不过，说实在的，我可是很羡慕像你这样年纪的女孩子。皮肤好，身材好，那可是我做梦都想回去的年纪，可惜已经回不去了。”女孩子害羞得红了脸，说道：“其实，姐姐看起来也很年轻的。”王女士笑了笑，说道：“像你这样的女孩子就是好。我的女儿也和你这般年纪，正在上大学，青春真是无限好。如果我女儿在家就好了，估计她会对你的化妆品感兴趣，可现在我的女儿不在家，像我这样的老太婆，已经用不着了。下次我女儿回来了，一定欢迎你上门推销，好吗？”没想到这样一说，那女孩子一点也不泄气，反而很有礼貌地说：“不好意思，姐姐，打扰你了，再见！”说完，就告辞了。

在案例中，王女士本想拒绝上门推销化妆品的女孩子，但看着对方谦和的态度，又不忍心拒绝，怎样拒绝才不至于让对方难以接受呢？她打量了那个女孩子以后，发现对方跟自己女儿差不多。于是，她先是赞赏了对方值得羡慕的年纪，这样“戴高帽”立即给对方带来好心情，然后再适时拒绝，这样的方式也就令对方很容易接受了。

“戴高帽”，其实就是赞美，将别人的地位无形之中抬高，让他产生一种优越的感觉。因此，能有效地弥补其遭受拒绝之后的心理落差。

人总是这样，当他重新拾回了一个苹果，即便他已经丢失了一个橘子，但他内心还是非常愉悦。因此，当我们不得不拒绝他人所提出的要求时，若适时说几句好话，定会给对方意想不到的惊喜。

当好友开口借钱，学会体面地拒绝

在生活中，相信大多数人都遇到过朋友开口找你借钱的事。如果是关系不错，或者信誉很好的朋友，你若是手头比较宽裕，借钱当然没有问题。但就怕遇到借钱不还的，你不仅损失了金钱，最后两人还会因此失去了友谊。而那时，相信很多朋友会后悔，当初要是没借钱给他就好了。虽然大多数人有这样的懊悔，但当朋友开口借钱时，很多人却不知道如何巧妙地拒绝，才能避免借钱，同时又不损害两人的友情。

前不久，我姐姐宋子霖升职了，收入大大提高，向她借钱的人也多了起来。按说一些小数目的钱她也很爽快，因为她一直就是个大方的人。但是一些朋友想做生意或者结婚买房向她借钱，一开口就是几万，这让她非常为难。几万块毕竟不是个小数目，但不借给朋友，面子上又过不去。

一次，宋子霖的一个朋友因为一些原因向她借钱，就说："因为有买房子的打算，我的钱都存了定期存款，手头余钱不多。这样吧，我先看看我有多少，先借给你一些你应应急，要不我再问问我妈有没有余钱吧！"

朋友说："那哪好意思让你动你妈的钱啊！我再问问别人吧！"宋子霖就这样巧妙地躲过了朋友借钱的要求。

不想借给对方，又担心不能直言，不妨用用委婉的招数。这样更容易被朋友所接受。比如，你可以说："你怎么不早点说？我手里的余钱上个月刚给父母更换了老冰箱、老彩电。我真的想借你，可是我真的无能为力。"或者"哎哟，提起借钱的事，我这还欠着别人一笔钱没还呢。"再比如，你可以说："我婆婆生病了，需要用钱。"或者"我弟弟上大学，刚给他交了学费和生活费。"这样说不容易伤感情。

记得在一个电视节目中看到过这样一个故事：陈书嘉夫妻俩前些年双双失业，就向银行贷款做起了小买卖。两人披星戴月，苦干了两年，终于把贷款还清了。生意做得越来越好，收入也颇为可观，生活自然有了起色。陈书嘉有个中学同学叫宋志远，是个游手好闲的人，经常把钱扔在赌场或者新认识的女友上。前不久，宋志远新认识不久的女友偷偷卷着他的一大半钱财走了，他去赌场发泄郁闷又输了不少钱，就瞄上了中学同学陈书嘉。

一日，宋志远找到陈书嘉说："我最近想开个小吃店，手头还缺七八千块钱，想在你这儿借点周转，过段时间就还。"陈书嘉了解这个发小的嗜好，知道他说的并不是实情。借给他钱，无疑是肉包子打狗。陈书嘉敷衍着说："好！再过一段时间，等我有钱把银行到期的贷款还了，就借给你。银行的钱我可不敢拖，越拖越多啊。"宋志远听陈书嘉这么说，没有办法，也就答应着离开了。

有的时候可以用一些借口推脱朋友借钱的要求，或者跟朋友说以后借给他，知趣的朋友也就明白你的意思了。比如可以这样说："哎呀，你说你早开口，我就能帮上你了。这不，昨天我邻居家里老人生了病，急需用钱，就借给他应急了，现在手头没剩下多少了。这么着吧，等他把钱还我，我马上借给你。"

不过，有的时候找借口推脱，比如说"我的钱都被父母管着"只能让对方认为你摆明了不想借给他钱。所以说，如果为怎样拒绝感到犯难的时候，不如直截了当，把你实际的难处说出来，让对方知道你拒绝他的原因是什么，他一定会因此理解你的。

对于不拘小节的人，可以用一句玩笑话表明自己经济上的不宽裕。比如"你看我的脸干净吧？我的兜里比脸还干净呢。"或者"我还想向你借钱呢，现在看来也实现不了了呀。"

朋友既然来借钱，也一定会做好了被拒绝的准备。有的时候，得罪对方的原因并不是你的拒绝，而是你拒绝的方式。拒绝的方式得当，既不会伤和气，也能达到目的。多学几招，必定能从尴尬和为难中抽身而出。

乐于助人值得赞扬，但也要坚守住自己的原则

《闲人马大姐》这部电视剧，相信很多读者都不会陌生。由蔡明扮演的马大姐是个热心人，热衷于处理街坊邻里的家庭琐事，并传为一段佳话。现实中，如马大姐这样的人同样不在少数，喜欢帮助他人解决一些力所能及的事情。

乐于助人，这当然是好事。著名心理学家阿德勒曾经表示："帮助他人，才是人类实现自我价值的最佳途径。"不过，如果为了帮助别人，却让自己陷入另一种困境，这显然不是一件好事。毕竟，帮助别人需要占用自己的大量时间，而如果我们从不拒绝，那么势必会忙得不可开交。只顾着帮别人的忙，自己的事情却做得很少，这当然会极大地降低自己的工作效率。

当然不可否认的是，总有一些人，会一而再，再而三地央求我们帮忙，甚至有些要求已经违背了原则和底线。面对这样的人，如果我们不懂得守住底线，依旧毫无保留地帮忙，那么久而久之，我们就会被贴上这样的标签："他这个人什么忙都帮！以后有什么事情都找他！"

就算是热心肠、不上班的马大姐，恐怕也不可能永远义务劳动，永远不忙自己的事情。所以，帮助人是好，但我们也要保留自己的底线，拒绝得寸进尺。

我有一个妹妹叫王睿珊，大学时期就是学生会主席，很热心于帮助同学们。到了工作岗位也是如此，很热衷于帮助同事。这个同事太忙，来不及做计划书，她就帮忙把文本格式做好；那个同事中午加班没时间吃饭，她也会帮忙带上

一份饭回来。所以，王睿珊在单位里有很好的口碑。

这天，王睿珊的一个同事要连夜加班，于是找到王睿珊说：“王睿珊，我手头有个客户的资料，需要录入进数据库。你看，你能帮帮我吗？”

王睿珊听完，皱了皱眉头，说：“咱们公司有规定，客户资料一对一跟进，不能随便泄露，包括同事。再说，我晚上也有一件重要的事情要忙，这次真不好意思。”

“你，你怎么这样呢？让你帮个忙，又不是让你干什么？”同事显然有些不高兴。

王睿珊义正词严地说：“真的，不是不帮，而是咱们有明确规定。你说其他事儿，我推辞过吗？我不能因为帮忙就破了底线！”

恰巧，有一个新人庄羽听到了她们的对话，急忙说道：“没事，我来！你交给我！”

看见有人主动帮自己忙，同事当然很高兴，将资料递给庄羽就去忙了。王睿珊拉住他说：“庄羽，帮助人没有关系，但是，有原则的事情，你不能就这么……”

庄羽说：“王姐，你太小心了！没事，我注意点就好！”

看着庄羽，王睿珊摇了摇头。

没想到，最后的结果还是让王睿珊说中了。因为庄羽的粗心，他那份重要的客户资料录入错了，还不慎在玩微博时进行了共享。结果，客户资料被泄露，老板大发雷霆。最后，还是王睿珊的求情，让这件事得以解决。

庄羽有些不服气，找到王睿珊诉苦。王睿珊说：“小庄，你要记得，虽然帮助别人可以让你在单位里有个好名声，但是底线不能碰！第一，你不能耽误自己的工作；第二，不能破坏单位的规矩。否则，到头来吃亏的只有你！”

庄羽与王睿珊相比，显然还太稚嫩。对于帮助别人，王睿珊很能把握住度，首先是不耽误自己的事情，同时还能很好地控制住底线。毕竟在工作中，每个人的职责都是明确的。你没有义务在别人的工作上插手，而且有时候你帮他人做了，还会涉及越权问题，不仅不会得到好处，还有可能会被上司批评。但庄羽显然没有意识到这一点，结果捅了大娄子。

所以说，学雷锋固然很好，但是我们也要有底线地学。帮助是有限度的，我们不能听到对方有要求，就立刻放下手里的活去帮忙，哪怕明明知道对方的要求是违反原则的。这就像一个不会游泳的人，听到有人要你下河救人，你毫不犹豫就往水里跳，这不等于自找苦吃吗？

在现代社会中，很多人都是爱帮忙的热心肠，这当然是一个好习惯，应该保持下去。毕竟，乐于助人无论在哪个时代，都是值得赞扬的。但有一点需要做到，是找一个平衡点，找到一个底线，在帮助人的同时，也能够根据原则说“不”。

没有那份实力，就别打肿脸充胖子

人要脸，树要皮。这句话，我们一点都不陌生。对于很多男性而言，有时候为了面子，在朋友面前不免总是摆出一副这样的姿态：“没问题！老弟你说的事情很轻松！”“这事儿交给我，肯定能办好！”而现代社会中，我们发现很多人都很注重面子，喜欢在朋友面前逞强。拒绝，似乎成了他们字典里从未出现过的名词一样。

现在的人，喜欢为了朋友两肋插刀，这当然让人敬佩。可是，如果自己明明没有那份实力，却依旧对于朋友的期望有求必应，这是一个成熟的人应有的行为吗？

我有个朋友叫孙皓，从小就爱面子。不管别人有什么事，他都急着答应，显得自己有本事。前几年，我们另一个叫赵磊的企业家朋友的生意不断做大，他决定与一家酒店商谈，作为自己的合作定点招待处。而孙皓恰恰就在这家酒店工作，于是他自然找到了孙皓。

然而，赵磊不知道的是：早在年初，孙皓因为与领导出现摩擦，早已离开了这家酒店。不过，看到老朋友因为这件事专门宴请自己，加上又喝了点酒，孙皓拍着胸口说："老兄，你的事儿就是我的事儿，我一定给你办好！"

"兄弟，我不勉强。我们是新公司，谈判的主动权不多。实在不好做，你可别难为自己，有什么问题就和我说，大不了咱们再想办法！"

听到赵磊这样说，孙皓反而更加觉得要维护自己的形象了。"看你说的！我怎么也是这行的老人，也是这家酒店的中层了，这事儿你就放心吧！"

第二天，为了赵磊的这件事，孙皓开始忙碌起来。但结果可想而知：一个已经离职的员工，并且还与领导产生过争执，怎么可能和原单位再有很密切的合作？一转眼，半个月就过去了，但这边却毫无进展。

这天，赵磊给孙皓打来电话，咨询相关事宜，并再一次强调：如果不好办就算了。可是孙皓意识到，如果这个时候拒绝，那么自己无疑丢了大面子。可是，自己该如何进行下一步呢？孙皓陷入了迷茫。

终于，孙皓的一个老同事告诉他：酒店可以与赵磊签约，但不是总经理出面，而是由这个老同事代办。因为，赵磊的公司只是小客户，不值得总经理亲自出面。

听到这个消息，孙皓兴奋异常，立刻通知了赵磊。几天后，赵磊与孙皓的前同事签订了合同，交付了一年服务费。当天晚上，赵磊邀请众多朋友，并多次赞扬孙皓办事稳妥。直到这时，孙皓依旧没有告诉朋友们，他早已离开了酒店。他已经陷入了朋友的赞美中不可自拔。

然而让孙皓没想到的是，兴奋没有两天，一盆冷水从天而降。第三天，赵磊去酒店，结果却得知，酒店并没有和赵磊签约！

“我们公司有明确规定，对于企业客户必须由总经理亲自签署合同。你的这份合同是假的，并且和你签约的那个人，上个月刚刚辞职！还有孙皓，已经离职半年多了，根本不是我们的员工！”在总经理室内，赵磊得到了这样的答复。

赵磊一下子蒙了。他急忙联系孙皓的老同事，却发现早已找不到人。一怒之下，他将孙皓起诉至法院。面对即将到来的牢狱之灾，一向爱笑的孙皓，却再也笑不出来了。

想想看，各位朋友，你们身边有像我朋友孙皓这样的人吗？为了让别人高看自己一眼，面对朋友的请求，不假思索地拍胸脯，却根本就没有想一想：自己有能力解决问题吗？如果解决不了，又有什么办法去妥善化解吗？

如果答案是否定的，依旧想着“两肋插刀”，那么结局一定如孙皓一般。

为了给他人留下好印象硬着头皮答应别人的请求，这是很多人在与朋友交流时，都会选择的行为。但随后我们却丢失了内心的快乐，这是很多人都没有想到的结局。拒绝，真的那么难吗？当然不，但是为了撑起自己的形象，为了打肿脸充胖子，我们不免变得无比痛快，结果最后却害了自己。

也许在孙皓心里，甚至在我们自己的心里，都会对这一系列行为贴上“卖力不讨好”的标签，甚至抱怨朋友最后的行为有些“太不够义气”。但平心静气地想一想：如果第一时间告诉朋友自己的现状，明确告知的确无法做到，那么朋友又怎么会平白无故地受损失？办不到，只是因为暂时的能力不足；但办不到却也不拒绝，只会使自己的形象大打折扣。

每个人都想让自己的形象高大，这是人之常情。但是，凡事都不要做过了头，不然真正的形象保不住不说，还给自己找来难堪。所以，在面对朋友的一些无法做到的要求时，与其死要面子说大话，倒不如和朋友说明情况婉言拒绝，这样反而会更加让朋友理解你的难处，并钦佩你的为人。

当然，在拒绝的语言上，我们不妨下点功夫，这样才是真正的“婉拒”。

首先，给对方出一个建议。在拒绝的同时，我们如果能够给朋友一些建议，那么这就会冲淡有可能产生的不愉快。例如，你可以说：“这几天我的确脱不开身了，实在没办法。但是我知道，有一份资料，能够帮上你不少忙。这个资料，就在图书馆里，你现在赶紧去借出来，这样就不会有麻烦了！”这样，对方不仅会接受你的拒绝，还会因为你的建议对你产生感激之情。

其次，别太生硬，让对方理解你的苦衷。拒绝别人时最忌讳的就是你以一种冷冰冰的、机械化的口气说：“不，我没办法做！”这样做，就会大大伤害对方的感情。想要婉拒，那么我们就应该按捺住内心的冲动，用一种较为缓和的语气去表述。

例如，一个朋友想要找你帮忙，你应该让他理解你的苦衷，用无奈的语气说：“哥们儿，真是不好意思，虽然我很想帮你，可是我现在正被一项新工作搞得头昏脑涨，所以你看……”与此同时，我们最好配合一定的手势和表情，将这份无奈体现得更加淋漓尽致。这样一来，朋友即便再想麻烦你，也不得不选择放弃。

“丑话”不是为了让别人难堪，而是提前达成“君子协议”

在沟通中，我们大都以和为贵，彼此尊重，互相体谅，尽量不说“丑话”。但在必要的情况下，我们要把“丑话”说在前面，给对方一个心理准备，让对方有所警觉。如果忽略了这些，以后出现了麻烦，就有些说不清道不明了。

很多时候，说“丑话”不是为了让别人难堪，而是提前达成“君子协议”，在彼此清楚的情况下往来。目的就是减少不必要的麻烦。

我有个妹妹叫杜文，是一个长得非常好看的姑娘。但她的外号却是“丑小姐”，这是为什么呢？其实是因为杜文在跟人交往时，有什么事都会提前说，不会等不愉快发生了之后再说。

“小文，有些‘丑话’你没必要提前说，很多时候别人听了会不高兴。”有朋友不理解杜文的行为，认为她不但多此一举，还容易得罪人。

“我不觉得那些‘丑话’有什么不好。也许不是很好听，但都是必要的大实话。”杜文认为这样才是对的。

有一次，同事家里有事，来跟杜文借车。

“小文，我家的车坏了，我想问你借车可以吗？”同事询问道。

“当然可以，你需要借几天？”

“大概三五天吧，你这两天用吗？”同事怕自己借走太长时间，耽误杜文的事。

“我暂时不用，”杜文开玩笑似的说，“车子时间长了，发动机不怎么好用，使用时间长了容易熄火。你要注意点，万一误事了可不要怪我啊。”

同事早就习惯了杜文的说辞，没说下文就直接把车开走了。

同事一家开车旅游，结果途中下起了雨，路不好走，车子陷入泥坑怎么也出不来。加大油门时发动机忽然熄火了，车子怎么也打不着火。

“杜文这是什么破车啊？真倒霉。”同事一家连声抱怨，那天等雨停了他们才找人把车修好。

同事在还车时，满脸不高兴。杜文说：“我早跟你说过了，你还坚持借车，这可不能怪我啊。”

没办法，同事一想是这么回事，再也不好说什么了。

如果杜文没有把“丑话”说在前面，同事经历了淋雨事件后肯定会责怪杜文把有毛病的车子借给她，她难免会心生不满，影响彼此之间的关系。现在，同事虽然不高兴，但也怪不到杜文头上，毕竟人家已经提醒过了。

在沟通中，维护好人际关系还是为了自己的利益，这是不争的事实。在面对利益问题时，不妨直言，不要因为不好意思，就把什么都藏在心里。只要“别人明白了就好”还不够，很多时候把话说出来才可靠。

尤其是在涉及利益或责任问题时，一定要把“丑话”说在前头。很多朋友都因为利益问题发生纠纷，不欢而散，大都是因为之前话说得不够透彻，后面的矛盾、麻烦才会一直出现。

责任也一样。一旦需要负责人时，如果没有说“丑话”，我们本能地就会开始推诿，甚至颜面撕破，老死不相往来。仔细想想，这是比说“丑话”更糟糕的后果。

说“丑话”的方式有很多，掌握技巧后，“丑话”也可以说得很好，也能让别人甘愿接受。

说“丑话”时首先要注意自己的语气。不一定要一本正经，完全可以用开玩笑的语气跟对方说，既轻松又能达到自己的目的。

我一个朋友刘丽是个大大咧咧的女孩子。她做什么事都很粗心，经常丢三落四，用她妈妈的话来说就是：“你什么都能弄丢，就差丢了自己了。”

朋友们都知道刘丽的性格，很多时候大事都不敢找她帮忙。

刘丽有一次和我借了本书，我和她说：“丽丽，这本书不错，你要好好看，还要好好保管。要是弄丢了，你可要赔我！”我开玩笑似的笑着说。

刘丽认真记住了，笑着保证自己不会弄丢。

我用玩笑的方式把“丑话”说在了前面，刘丽不但没生气，还用心记在了心里。这就是好方法起到的好效果。

在说“丑话”时要说清楚前因后果，让对方知道这么做的好处和不做的坏处，从而在心理上接受你的“丑话”。

有些人一开口就是“丑话”，其他的什么也不说。这样很容易让对方心里不服气。在说之前，多下功夫，跟对方解释清楚，尽量把后果说得严重些，让对方重视。

在跟敏感的人说“丑话”时，语气要诚恳、委婉，如果说重了，对方会承受不住或者对自己不满。在必要时，要把自己放低，抬高对方，这样对方就更容易接受了。

有一次看杂志，看到过这样一个故事：徐主管是公司里的元老，职位不高但资历很深。很多人跟他说话都很小心，生怕得罪了“危险”人物。

刘经理年纪轻，说话做事很有策略。

“徐主管，我要诚恳地拜托您一件事，”刘经理一开口就说得很真诚，“公司制定了新规定，谁要是完不成任务，就会扣奖金。您是公司的元老，我就拜托您起好带头作用了。”

刘经理几句话就说得徐主管非常高兴，他自然知道自己完不成任务同样会扣工资的事实，但还是欣然接受了刘经理的“丑话”。

说“丑话”也要看对象，不同对象说的方式也不同。掌握了正确的说话策略，才能在办好事的同时又不得罪人。

在沟通中，很多时候“丑话”是必不可少的。既然不能避免，那我们就尽量把它说好。既能达到交谈的目的，又不得罪人，还能体现自己的交际能力，得到他人的欣赏和尊重。

››››Part 6

婉转表达，把难听的话说得动听一点

别把自己的想法，强行灌输给别人

有位女性主义者有句名言："当一个女人沾沾自喜地说，如果男人没有她，连内衣裤都找不到的时候，其实是两人关系最危险的时候。"很多人喜欢强加于人的不仅有自己的思想和观点，他们还要求别人按照自己的意愿行事。

强加于人的人，大体有两种类型：专横型和依赖型。前者过于武断跋扈，缺乏同理心。他们总是希望事情按自己的心思发展，所以对别人要求很多，强迫别人去做自己不愿做的事。《渔夫和金鱼的故事》流传已久，就讲述了这么一位霸道的人。

在大海边，居住着一对贫穷的老夫妇，靠老渔夫打渔为生。每天，渔夫外出打渔，老太婆在家里补网劳作。有一天，渔夫打到了一条金鱼，金鱼祈求说："你放了我吧，放了我我会报答你的。"渔夫什么也没要就放了金鱼。晚上回到家，老太婆听说后，指责渔夫："你真傻，你问它要个木盆也好啊。"

第二天，渔夫向小金鱼要了木盆。结果老太婆不满足，又催着渔夫去要房子。果然，她有了宽敞明亮的房子，漂亮华贵的衣服，还有精美的晚餐。老太婆的欲念更大了，她想当贵夫人，于是她拥有了很多奴仆，成为一名贵妇。老渔夫以为她这下满足了，却不料老太婆驱赶着他说："去，去跟金鱼说，我要当女王！”

做了女王的老太婆还不知足，竟逼着老渔夫对金鱼说：“她不想当女王了，她要成为女皇，要你来服侍她。”顿时，天昏地暗，海涛汹涌。等到老渔夫回到家中，看到一切都没有了，老太婆穿着过去的破旧衣服，坐在低矮的屋檐下吃力地缝补渔网。

强加于人，会深深刺痛对方的自尊，逼迫他迅速远离你，从而使你陷入孤立状态。专横型的人，嫉妒心极强，容不下别人，什么都比，什么都攀，甚至不惜陷害别人，来抬高自己。他们不知道人和人是不一样的，别人拥有的东西对他们来说，可能并不重要。

承认差距和不同，不是否认自我，而是接受现实。这才是成熟的人的做法，才会在沟通中游刃有余。

很多人强加于人，还表现在对人过度地关心上。比如有些女人在婚姻中过度热心地扛起所有责任，担负所有家务，什么活也不舍得让老公插手。这种女人实际上有着深深的依赖心理，她们以为这样就会拴住老公，就会家庭稳定。却不去想一想，这会让自己所爱的人失去生活功能。更为要命的是，女人们在扛起所有责任后，时间一久，又会感觉累了疲了，不停地抱怨，不想再做那么多。她们心里想的是家务又累又辛苦，但手里却放不下。这种自我抵触的念头，会让她情绪低落、自怨自艾。

家是两个人共同的负担，人际关系是双方共同努力的结果。单方面地强求不但效果不佳，还会产生副作用，令对方反感或远离。

很多母亲都有这样的感慨：“孩子太难管了，一点也不听话！”母亲希望孩子听话，希望孩子顺从自己，有没有想过自己强加给他太多东西呢？强迫他学舞蹈、弹钢琴、练书法，逼着他每次考试都要得第一名？不光孩子如此，任何人在你过多的强迫下，也会变得不听话不顺从，不与你保持和谐的关系。改变这种状况，惟有改变自己强加于人的习惯。首先要做的就是征询对方对事物的看法，比如你可以问问同事："我喜欢这个议案，不过重要的是你的看法如何？"而不要说："这个议案完美无缺，你不这样认为吗？"在你给某件事情做出负面评判时，最好也先问问对方的看法。比如老师不要在课堂上直接赞成或者反对某个论点，而是问问学生的看法："你们觉得湖南卫视的节目怎么样？"千万不要说"湖南卫视简直是胡说八道！"

接着还需要认真考虑自己真正在意什么，并要意识到，当对方坚持某件事情时，可能会指向你在意的事物。在与人争论某个问题时，即便对方的意见与自己不同，也不要着急反驳。应该学会冷静地分析和思考，找出真正的差距，采取合适的方法说服对方。面对人与人之间的冲突时，不要把自己的解决方法强加于他们，该鼓励他们自己想办法，解决彼此的矛盾。

传达"坏消息"，有时不必那样直接

天有不测风云，人有旦夕祸福。人生无常，天灾人祸总是在不经意间就降临，给人带来打击，让人痛苦和惊惧。大多数人心思细腻，性情如水，定是不愿看到他人在得知噩耗时悲恸欲绝的画面。

那么，当致命的打击突如其来时，要怎样把这个不幸的消息通知给当事人或他的亲友，减缓对他们的刺激呢？

最简单的办法，就是用委婉的语言直接说明。这种方法只适用于向那些性格刚强、有地位的人传递不幸的消息，倘若他的亲属遭遇不测，可以直接说明，或是用委婉的语言说明。这样的人往往经历过许多事，有一定的心理承受力。

记得在一本杂志中看到过一个故事：曾经，某位师长的儿子在战场上牺牲了。前方的领导本来还有些顾虑，想着要不要立即把这个消息告诉他。最终考虑到他是军人，又是领导，对于这场战争的残酷性有一定的思想准备，便决定直言相告。于是，前方的领导怀着悲痛的心情，把这个消息告诉了他："师长同志，这次战斗打得很艰苦，很多同志牺牲了。您的儿子不愧是将门之子，他表现得很英雄，战斗到了最后一刻。"师长听着对方的讲述，眼眶里噙着眼泪，但始终没有流下来。片刻之后，他说："我为有这样的战士感到骄傲，也为有这样的儿子感到骄傲。"

这种直言相告的方式，只适用于那些有一定心理承受力的人，且当事人和亲属已经有了一定的精神准备。比如，久病不愈之后的噩耗，战场上的牺牲，等等。如果是日常生活中突如其来的变故，就不太合适了。

对于飞来横祸导致的不幸，而当事人的亲属或神经脆弱，或年迈多病，如若直言相告，很可能会引起更多的麻烦。此时，最好用委婉的方式传递不幸的消息，避免使用一些刺激性强的字眼，可以用同义词替代。比如"他走了""我们没能留住他"，等等，让对方知晓，并承受这一不幸的消息。

我邻居张大妈的儿子因工厂锅炉爆炸，不幸身亡。张大妈过去也是工厂的工人，工会的同志到家里探望张大妈时，这样说道："大妈，咱们厂发生了一起事故，这是不可抗拒的灾难。您的儿子离开了我们，我们都很怀念他。"工会同志没有直接说出张大妈的儿子牺牲了，可张大妈听了这番话，就什么都知道了。她心里很痛苦，却还是很理智地说："今天早上我的眼皮一直跳，就怕有什么事发生，唉，没想到……"老人坚强地接受了现实。

如果觉得不幸的消息会严重打击当事人，那么最好采用渐次渗透的方式通知对方，即一点一点地把坏消息透露出去，给对方一个缓冲的过程。当最后把实情说出来的时候，当事人也不会感觉太过突然，难以接受。

一位女士体弱多病，心脏又不好，在外地工作的丈夫过年回家探亲时，不幸在途中遭遇车祸离世。这个消息该如何告诉她呢？如果直截了当地说，后果不堪设想。后来，女士的家人用了渐次渗透的方式，先告诉她丈夫出了车祸，正在抢救；过了一天又说还没有脱离危险，情况不是很好；又过了一天，开始让她做好“最坏的准备”；最后告诉她医生已经尽力，可是没能留住她的爱人。这时候，她已经想到了此般结果，显得很镇定。

传达坏消息，还可以用长期回避真情的方式。让经不起刺激的人，在时间的消磨中，习惯失去这个亲人的生活，自己渐渐地悟出真相。

看过一个电视剧，里面也有过这样一个故事：一位农村妇女有两个儿子，小儿子是个消防队员，一直在外地工作、生活，只是每到过年的时候，才会带着妻儿回来看望母亲。

不幸的是，小儿子在一次救火任务中牺牲了。这位妇女年轻时丧夫，又没什么文化，好不容易把两个孩子拉扯大，该享享清福了，小儿子偏偏又牺牲了。大家考虑到她年事已高，难以承受这样的打击，就没有把这个消息告诉她。

过年时，儿媳带着孩子回来了，对她说道：“他扔下我们母女出国了。”村里的人虽然都知道，可不忍心向她透露实情，就把消息封锁起来了。之后，每到过年时，她都会问大儿子：“你兄弟什么时候回来呀？”大儿子把自己捏造的信念给母亲听，老妇人一次次都相信了。

很多年过去，老妇人渐渐不再询问小儿子的消息了。她已经明白，小儿子是不在了。就算出国，也不可能不回来看望自己的母亲。只是，这些年她已经适应了没有小儿子的生活，并未觉得太受打击。后来，有个村民故意试探她，问："你的小儿子现在做什么作呢？"老妇人非常平静地说："不在了……"

没有人愿意听到坏消息，甚至听到"坏消息"这样的字眼时都不免会紧张、恐惧。所以，在向他人传达生活中的不幸之事时，一定要秉承严肃的态度，根据不同的对象采用合适的语言和方式，将不幸的消息给对方造成的伤害降到最低。

朋友之间沟通，别总是用命令的口吻说话

当我们请求别人去做一件事的时候，无论他的身份、职位是什么，都不该用命令的语气，摆出一副颐指气使的样子。若是如此，人际关系一定会变得很糟糕。

我有一个朋友，因为在公司当了一个小领导，说话总是喜欢用命令的口吻。记得有一次，他请我们另一个朋友帮忙。鉴于彼此关系很熟，说话也不客气，他直接用命令的语气吩咐朋友去做。朋友听了之后，虽然嘴上勉强应承了下来，心里却很不是滋味，心里嘀咕道："就算是朋友，也不该这么不客气吧？我又不欠你什么，帮你做事却连一句好话都讨不到，难道我就活该听你使唤？"

朋友心中怒火难消，就一直拖着不给他办事，结果耽误了时日，没能办成。他因为误了事，心里很不舒服，埋怨朋友忘性大、不靠谱。此时，朋友对他已经无话可说，觉得他从来就不知道什么是尊重人，不宜深交。渐渐地，他就疏远了这个人。久而久之，两个人还闹起了意见，最后竟成了陌路。

任何沟通的目的不是为了说服对方，而是寻找彼此都可以接受的方法。生活交往如是，职场更是如此。上下级之间交流最常用的两种方法，一是说服，二是命令。前者是恳切地引导对方按照自己想法来做事，后者却是直接对下属发出指令，让对方来完成工作任务，没有商量的余地。

哪一种方法更容易为人所接受呢？这就像太阳和风的寓言，风越是用力刮，人把衣服裹得越紧；太阳温暖照人，人自然就脱掉了外衣。职场沟通也是这样。在给下属安排任务时一定要多商量，尊重对方的人格，而不是发号施令。

尊重别人，不管对方是谁，如果希望他能按照自己的意愿做事，就多提建议，而不是命令。在这方面，很多人存在的困难是：对待长辈、上级可能比较容易做到；可是对待晚辈、下属，尤其是自己的孩子时，就很难做到。他们认为命令更直接、更明确，没有必要客套。所以我们常常听到大人冲着孩子大喊大叫："今天下午必须写完作业""把你的房间整理好"。

可以想象，这类人在家庭生活中指手画脚，然而他的家庭却常常一团糟，让他总是抱怨："孩子们都不听话，真是太气人啦。"与其出力受气，反而不如多动动脑子，学学如何改变自己的作风。

我同学王梅梅是我们当地的一所职业学校的老师。有一次，她发现学校门口停着一辆车，正好堵住了道路。她二话不说，冲进教室就大声而严厉地呵斥："谁的车停在门口了？"

"是我的，老师。"一位学生回答说。

"马上开走，否则我叫警察给你拖走。"

王梅梅强硬的态度让学生心里很不舒服。从那以后，不仅这位学生，整个班的同学都开始厌烦她，上她的课的时候，学生们总是看别的科目的资料。

其实王梅梅完全可以把这件事情处理得很好。如果她换一种语气：“大家注意了，门口有辆车，堵住了道路，是谁的？请换个停车的地方吧。”这样的语气和内容就很容易被人接受了。

把命令变成建议，效果就是这么明显。究其原因，命令往往是严厉的、呆板的，容易让人产生对立情绪。因为人人都有自尊心，尤其是年轻人、关系密切的人。所以我们应该特别注意：不要以为亲近就可以为所欲为，事实恰恰相反。越是亲密的人，对他讲话的语气应该越留神。当你需要他完成某件事时，用商量的口气建议他会让他心甘情愿地去实施。

很多人都有这样的经验：在单位里有些人很难管教，是刺头，可他们偏偏对某位领导言听计从。这其中固然原因多多，但是这位领导很可能是采取了建议的方法。

我以前工作的时候，我的领导安迪就是一个很会沟通的人。在处理工作的时候，即便是发现了员工工作中的失误，她也总是把选择的权利交给当事人。比如有一次，她在审验员工做的一份季度生产报告的时候，发现了一些问题。但是她并没有明确地指出这个地方需要修改，而是把员工悄悄叫过来，告诉他说：“你看这个地方，如果换成另外一种方式，是不是效果会不同？”

一般这样的建议性的意见，员工都会接受。安迪很少把自己的意见强加于人，而是善于以提醒的态度，让员工自己去发现工作中的疏漏。员工们既做出了成绩，又会感激她的提醒。

多多地建议，让对方感受到充分的尊重，他就会希望与你合作，而不是想方设法反对你。用建议而不用命令，还是帮助一个人改错的良方。

有人说过：“用建议来替代指使，可以令人信服；用请求替代指使，可以令人高兴地执行；用商量替代指使，会有人主动请缨；用赞美替代指使，对方会用行动证明你是对的。”既然有这么多的方式可以让你达到预期的目的，为何偏偏要强硬地命令别人？为人处世的基本原则，就是懂得尊重别人。你敬人一尺，别人自会敬你一丈。

同样的意思，不同的表达有着不同的效果

朋友们，我们也许没有注意到一点：伤害不是因为我们说了什么，而是我们怎么说的。同样的意思，采取不同的方式说出来，绝对会达到不一样的效果。

聪明的人懂得拐着弯说出内心的想法，他们不会直截了当地表达对他人的看法。比如服装店老板不会直接对某个女士说：“这是我们店里新推出的款式，肯定适合您穿。”而是说：“您穿的上衣，与我们店里新推出的款式一样，都很漂亮。”前者会让听者犹豫不决；后者会让听者十分开心。

在人际交往中，大多数人不时地需要去说服别人接受自己的观点或者产品，让人相信自己。成功的推销者总是百发百中，就是因为他们深谙说话技巧，知道如何巧妙地说出内心的想法。

我一个做 HR 的朋友和我说过她们公司的一个会计的故事。那个会计是个头脑很灵活、很会说话的人。她告诉我，他们公司经理生性高傲自负，能够接近他的人很少，多数人对都他敬而远之。那位女会计来的第一天，找经理谈论事情的时候，开口第一句话是：“我刚进公司，就听说这里有个雷厉风行，工作效率极高的经理，看来真是名不虚传啊。”

女会计话音还未落，经理脸上已经露出笑容，接下来的谈话自然很轻松。

女下属没有直接地找经理“办公事”，先来了一堆恭维之语，打消了对方拒绝与之合作的念头，以后相处自然容易得多。拐着弯说出内心的想法，是一种高明的说话技巧，一来可以避免给对方难堪，二来可以显示高超的交际手段。如果只逞口舌之快，想到什么说什么，后果常常不堪设想。

汉景帝时代，他的姐姐长安公主刘嫖深受太后宠爱，很有地位。有一次她对汉景帝的宠妃栗姬提议，把自己的女儿嫁给栗姬的儿子，并答应帮助栗姬夺取皇后之位，帮助她的儿子做太子。这本是一石多鸟的计谋，没想到栗姬头脑简单，多年来她对刘嫖心怀怨言，觉得她多次给汉景帝介绍美女，害得自己独守空房，着实可恼。因此现在刘嫖来求自己，真是大快人心。为了一泄心中怨气，她当场将刘嫖一顿嘲讽，什么话难听说什么。结果她逞了口舌之快，解了心中怨恨，却得罪了刘嫖。不久，栗姬的儿子被贬，娘家人也受到牵连，满门遭殃。她本人也被汉景帝打入冷宫，再无天日。

只图口舌之快，发泄心中怨恨，这是很多人常常做的糊涂事。口舌痛快，当面给人难堪了，日后的生活怎么办？我们应避免逞口舌之快，遇到问题时应该先思索再开口。开口之前应该想到：说出去的话犹如泼出去的水，覆水难收，这句话将会带来什么后果？

时刻提醒自己，会很好地避免逞口舌之快，还能锻炼说话的方式和方法。当然，最好的办法就是借人之口说出自己的想法。生活中常常见到“托”，不要小看他们的作用。中国人喜欢随大流，借“托”之力，可以鼓动更多人的追随。比如向顾客推荐某款化妆品，哪怕你费尽口舌介绍它的多种好处，顾客却不见得相信，还不如一句“我认识的女孩子都用这个品牌。”这句话的效果好。没有人去验证是否有很多女孩子都在用这款产品，你却达到了目的。

可见，借“人”之口，也是拐着弯说出内心想法的一种方式。总之，不管遇到什么情况，控制好自己的情绪。不要冲动，说话前多费心思，寻找可以解决问题的最佳方式，而不是为了骂人而开口。

有一次，我陪着朋友静宜逛了几个小时的商场，大包小包的买了很多衣服。正当她兴高采烈地往商场门口走的时候，突然想起刚才付完钱以后，好像没有把钱包收起来。我们赶紧发疯似地跑回付账的摊位前，翻找了一遍，没有钱包的影子。静宜心里一阵凉飕飕的，刚才的高兴劲此刻全没了，因为那钱包中有她刚刚从另外一个公司结算回来的12000元现金。

“姑娘，你有没有看到一只黑色的钱包？”静宜问摊主。

“没看见。”

可是刚才明明就是在这里付的账，那时候钱包还在，一转眼就没了。静宜盯着摊主的眼睛，她根本不相信摊主的回答，不过她又没有什么证据。即便真是摊主拿的，随便藏个地方，她也找不到，人家还会骂她诬陷。所以要想找到钱包，只能来软的。于是她就跟摊主说：“我的钱包不见了，大概是刚才一忙乱，付完钱就把钱包落下了。那里边有公款，无论如何也得找到。”

静宜摆出一副不找到钱包不罢休的样子，摊主不理不睬，这时候静宜灵机一动说：“你帮我找找吧，你看这里人来人往的，大家走过来都看着。我知道不是你拿的，可是在你的摊位前找钱包，谁也不知道别人心里怎么想，这对你的生意也会有影响的。”

摊主的脸色有些难看，她开始慢腾腾地假装找钱包，静宜赶紧接着说：“我的很多同事都很喜欢买衣服，我以后就带她们到你这里来。”

不一会儿，摊主递给静宜一只黑色的钱包，这个钱包正是她丢的那个。静宜打开一看，里面的钱一分不少。

静宜的目的是要回钱包，而不是讨伐摊主昧良心。如果一味地争执吵闹，大骂摊主，看似讨要钱包，实则在为自己的过失找借口，把责任推到摊主头上。这或许还会伤害摊主的自尊心，把她逼到绝路上去。“既然说我是个贪财的人，我就贪了，看你怎么办？”

所谓的教养，就是从不会咄咄逼人

不会说话的人，当发现别人犯了错，就会毫无顾忌地说：“你错了。”看到别人的错误，就不留情面地批评。例如“早就给你说，你错了，你就是不听”“是你把事情搞砸的”“谁像你那么不开窍，要我几分钟就做完了”……如此种种批评别人的话，谁听了都不会痛快。

俗话说“人活一张脸，树活一张皮。”因此，我们要学会为别人保住面子，即使别人犯了错误，也要懂得给人留面子。

有一次，我到一个餐厅用餐时，看到一位优雅的中年女士在餐馆里用餐。看得出，她那碗米饭里有一些沙子类的东西，但她却没有大喊大叫或叫服务员来理论，而是把米饭里的沙子一粒粒挑出来放在桌子上。这个举动我都看到了，当然服务员也看到了。服务员不好意思地走上前，说：“里面的沙子不少吧？”女士笑盈盈地说：“还是有一点儿米的。”服务员听后，主动提出：“我给您换一份其他的主食，您看好吗？”

在饭馆里遇到米饭沙子多、食物变味等问题很常见，但不是所有人都能这样温和地指出问题、解决问题。很多人会提高分贝叫来餐厅经理，咄咄逼人地指责一通。作为饭店一方，自然是理亏的，可除却服务员、大厅经理等身份职位，他们也是一个有血有肉、有尊严的人，被人当众指责，而碍于身份、职位的原因只能忍受，这种滋味也是很难受的。

相比而言，这位女士的处理方式就显得有修养多了。她没有直接说米饭质量不好，而是有趣地调侃“饭里除了沙子还是有一点儿米的”，用先肯定再转折的方式表达自己的不满。这样的责备，既让饭店方认识到了问题所在，也没有让对方陷入尴尬中。

什么是教养？就是在让自己感到舒服的同时，也照顾到别人的感受。尤其是在对方做错事或双方产生严重分歧时，失控地横加指责没有任何意义，只会伤害彼此的感情，拉低自己的修养。

一个人在犯了错、说错话时，如果她本身已经意识到了，那么她必然会感到不好意思。此时，你若劈头盖脸地去指责，甚至大发雷霆，那么纵然你是出于“善意”，对方也不会接受，甚至会厌恶你。

有一次，我们大学同学聚会。李丽来的时候赶上堵车，迟到了半小时。结果刚一进门，跟她在同一个区域住的张茜就开始数落她：“让你早点儿出来，你还是这么慢。大家都等你半天了。”李丽也为耽误大家的时间感到抱歉，对于张茜的指责没说什么。

饭局进行到一半，李丽发现一对曾经非常要好，甚至要谈婚论嫁的伴侣，如今没有坐在一起，就好奇地问了一句。对方平静地告知分手了，也没过多地解释什么。李丽自然知道问了不该问的，心里也有点不太舒服。

过了一会儿，李丽和张茜去卫生间时，张茜又开始指责李丽：“你没看他俩的气氛都不对吗？本来她就不高兴，你这么一说，人家肯定更难受。”对张茜的指责，李丽忍不住想发火，可想着是同学聚会，就忍了下来。之后，虽然两人还在同一个区域，但李丽轻易不再跟张茜联系了。

每个人都有自尊心，尤其是在人前，谁也不愿意被批判。有时顾及面子问题，被批评的人也不好反驳，可内心的沮丧是无法避免的。要知道，任何人都有缺点，都会犯错。我们只能要求自己尽量把事情做到最好，但这不意味着要把自己摆在很高的位置，以此去要求别人、指责别人。如果是在特殊的场合下，必须指出对方的问题所在，那也得讲究点儿方式方法。

很多后备军人在受训期间，最常抱怨的就是必须理发，他们总觉得自己依然是普通老百姓。作为军官，该如何处理这样的问题呢？是按照一般军人的管理方法斥责他们，还是出言恐吓？有没有更好的办法？

在一本书中看到过这样一个故事：有位军官是这样做的，他对士兵们做了一场动情的演讲，说："诸位，你们都是未来的领导者，都知道军中对头发的规定。我今天就要按照规定去理发，虽然我的头发比你们还短得多。诸位等一下可以照照镜子，如果觉得有必要，我们可以安排时间到理发师那儿去。"

结果，许多人在照了镜子后，都依照规定理好了头发。这位军官没有采用常规的做法，而是间接地提醒对方，达到了自己的目的。

一个真正懂得语言艺术的人，从来不会在情绪和气势上压倒对方，更不会咄咄逼人地横加指责。他们总能把那些指责的话说得温和而有力，让对方自己去意识到问题所在，既避免了尴尬，也容易让人接受。

批评的话语，也并非都那么不堪入耳

批评是一种必要的沟通手段，它本身是一种指责，如果运用不当，对方只会记住你的批评而不是自己的错误。我们应该尽量减少批评带来的副作用，尽可能地减少对方对批评的抵触情绪，以达到比较理想的沟通效果。但在某些人看来，批评就是全盘否定，只看到别人的缺点，忽视其优点。其实，从“批评”所达到的目的来说，我们可以把“批评”当做一种“提醒”“激励”。特别是对于领导者来说，自己对下属的批评要尽显善意，在坚持原则的基础上进行教育，千万不要言辞刻薄，恶语相向。如此，下属才能接受你的批评，同时，他还会对你充满莫大的感激。

史金纳教授提出了自己教学的基本观点“用激励代替批评”。他是伟大的心理学家，他用动物和人的实验来证明：当减少批评，多多激励对方的时候，对方所做的好事就会增加，而那些比较不好的事情会逐渐萎缩。激励富有一种强大的力量，它可以让人重新改变自我，发愤图强，把自己的所有精力投入工作之中。所以，对于他人出现的一些小问题、小错误，我们要少一些批评，多一些激励。

很多年以前，一个十岁的小男孩在一个工厂里做工。他从小就喜欢唱歌，并且梦想着当一个世界闻名的歌星。当他遇到他的第一位老师的时候，他自豪地把自己的梦想告诉老师，可是老师非但没有给他鼓励，反而表示怀疑地说：“你根本不适宜唱歌，你五音不全，简直就像风在吹百叶窗一样。”

他很伤心地回到家里，但是他的母亲，一位穷苦的农妇却不以为然。她亲切地搂着自己的孩子，激励他说：“孩子，你能唱歌，你一定能把歌唱好。瞧你现在已经有了很大的进步。”于是，母亲在生活中节省下每一分钱，送她的儿子上音乐课。正是这位母亲的嘉许，给了孩子无穷的力量，从此改变了孩子的一生。他的名字就叫恩瑞哥·卡罗素，他成了那个时代最伟大、最著名的歌剧演唱家。

母亲的激励与老师的批评形成了鲜明的对比。显然，母亲的“批评”是善意的，而老师的批评虽然说不上恶意，但却刺伤了小男孩幼小的自尊心。

试想，如果这位小男孩没有得到来自母亲的激励与赞许，一味地沉浸在那位老师无情打击所造成的痛苦中，那么，这个世界上就失去了一位著名的歌唱家。

对他人少一分指责，多一些嘉许，不仅使事情做起来得心应手，也会给予对方愉悦的心情，何乐而不为呢？我们不应该因为私心或对某些事物反感，就对他人的行为采取贬低或者批评的态度。少一些批评，多一些激励，也许因为那一句微不足道的激励，就给了那些需要动力的人以无穷的力量，给那些身处逆境的人奋勇向前的信心。

我一个朋友现在在我们当地算是成功人士。有一次我们一起喝酒的时候，他向我感慨道："要是没有当年王老师对我的教诲，就不可能有今天的我。"

我忙问当年发生的事。这个朋友说道，自己小时候一直是个让人头疼的孩子，整天打架、抽烟、不学无术。没有哪个老师愿意教他，更别说关心他了。连他的父母对他都快放弃了。后来，他班里的班主任换成了王老师。

之后的一天，他和隔壁班的学生打架，把对方的头打破了。王老师把他叫到了办公室后，他以为班主任又会大声谩骂和指责他，然后让家长过来领人，说一些威胁他退学的话。但王老师没有，而是温和地对他说："我一直觉得你是个很聪敏的孩子，你看你这次的成绩，比上一次又进步了一点。我希望你能把你打架的劲儿都用在学习上，加上你聪敏的头脑，你以后一定会是个成绩优秀的学生，将来也会成为一个很优秀的人才。"

我这位朋友告诉我，王老师的那番话给他的触动很大。他从来都没有听人这样真诚地夸奖过他，还说他聪敏。为了对得起王老师，他决定改掉所有的劣习，认真学习。最后，他也终于没有辜负老师的厚望。

一样的批评，但王老师的话说得却更动听，更能打动人心。如果没有那位王老师激励的话语，也许我这位朋友就不会拥有如此成功的人生。批评本身是具有伤害性的，而卓越的领导，则会把批评的伤害性降到最低限度。这样一来，对方即使遭受批评，也会对其充满感激，而非抱怨。

›››››Part 7

沟通最关键是赞美，没人不喜欢听好话

赞美需要真诚相伴，那样的语言才最动听

相信很多细心的人都有这样的经验：与陌生女人初次见面时，如果夸赞她身上的衣饰装扮，她会立即露出开心的笑容，那么接下来你们之间的谈话就融洽多了。有人说过“一个女人穿戴出去的衣服饰品，都是经过精心挑选的。”既然费了心思，获得别人认可，当然值得开心。相反，如果遭到别人贬低嘲讽，等于是对自己的否定。谁也不喜欢被否定的感觉，所以，不能真诚地赞美，至少也不要急着去否定。

人们都欢被赞美被喜欢，却很少主动地去赞美和喜欢别人，这是不对的。

在一本杂志中读到过一个故事：有一个缺乏关爱、孤独寂寞的女人，做了个有趣的梦。她梦见一家商店新开张，就好奇地走了进去。进去后令她大吃一惊的是，站在柜台里的售货员竟然是神秘的天使，于是她激动地问：“你们这里都卖什么东西？”天使微笑着回答：“你心中想要的一切。”“真的吗？太好了，太神奇了，不会是真的吧？”她高兴得跳了起来，简直不敢相信自己的耳朵。她沉思了一会，小心地说出了自己的心愿：“我想要爱、快乐、满足，还想买一点智慧。”天使说：“没问题，就这些吗？”女人兴奋极了，连忙说：“你有足够的现货吗？我想多买一些，因为我的亲人和朋友，

他们肯定也需要。”天使听后，温柔地说：“对不起，女士，我想你弄错了，我们这里只卖种子，不卖现成的果实。”

是的，人们需要爱、需要关怀、需要快乐和满足。但是她最需要的，应该是一颗充满爱的心。有了爱心，快乐、满足的种子才会发芽、成长、结果，才会带给她甜美的幸福。

只有真诚地去喜欢别人、爱别人，才会得到相应的回报。在这个世上，除了物质之外，爱和赞美是最高尚的精神享受。为了一句赞美彻夜不眠，渴望别人充满赞许的眼神，都是人之常情。由此及彼，人人都渴望赞美和爱，那么在社交中，就该学会去真诚地赞美别人，去喜欢别人。

真诚的语言，不一定要多么流畅、多么华美。朴实、自然是真诚的同义词，只要用真心去说话，哪怕说出来的话不动听，照样会打动人心。

听一个朋友给我说过一个故事：从前有一个爱吃饺子的富家子弟，他吃饺子的习惯与别人不同，他只吃馅不吃皮。每次吃完饺子，他就把剩下的饺子皮扔到附近的小树林。

这个富家子弟就一直以这样的方式，度过了童年。有一次，他家突然遭遇火灾，所有的东西全被烧没了，他的父母也葬身在火海中。那时候他才14岁，是邻居大妈收养了他，供他一日三餐。后来这个富家子弟发奋读书，考上了状元。当他谋取官位回来以后，第一个就是来到大妈家里，感谢她当年对自己的收留。可是大妈却对他说：“你不用感谢我，我也没做什么，我给你吃的粮食，都是你当年扔到树林里的。我觉得可惜，就捡回来，我想以后大概用得着。正好你家遇上了那样的事情，就又用在你身上了。”

闻听此言，富家子弟沉默了很久，很久。

大妈几句朴实的话，表达了自己一颗淳朴的心，表达出在人际关系中的善良之举。她没有居功自傲，反而真心地关爱别人，希望别人能够度过困境。

真诚的语言，不一定要滔滔不绝。真情实感是无价的，自然也要小心地表达。如果不顾一切地乱说，这样的语言就失去了价值。金口玉言、一字千金，都是对真心话的高度评价。生活中很多人喋喋不休长篇大论，却往往遭人讨厌，而有些人话语不多，却能掷地有声。

当然，真诚地表达爱和赞美，并非不需要技巧。如果通过得体的形式去表达，必然更容易赢得对方的信任和好感，有利于双方关系的确立和稳固。

发掘对方的闪光点，每个人都值得赞美

美国有一名学者这样提醒人们："努力去发现你能对别人加以夸奖的极小事情，寻找你与之交往人的优点。那些你能够赞美的地方，要形成每天至少真诚地赞美别人一次的习惯，这样，你与别人的关系将会变得更加和睦。"在日常交际中，我们要想建立良好的人际关系，恰当地赞美他人是必不可少的。

事实上，每个人都希望自己得到他人的肯定。但由于人与人之间交谈的时间并不多，而且人们普遍不善于去发现他人值得赞美的地方，于是，很多时候，就会出现一些问题：要么赞美不当，要么缺少赞美。其实，只要我们用心观察，就会发现每个人身上都有值得我们赞美的地方。有的人很聪明，有的人很友好，有的人善良，有的人漂亮。我们要明白，即使一个人浑身上下全是缺点，在她身上依然会有闪光点。而我们需要做的就是去发现这些闪光点，再逐一去赞美对方这些闪光点，这样才能打动对方。

有一次，和一个银行的朋友聊天。他向我说起他们营业厅的小李，由衷

地佩服他的口才以及他的头脑。

有一天，小李临柜，一位中年男性储户递上了一张5万元的国债存单，说道："我的国债到期了，看能不能再买点国债。利息高，又保险，国家信誉嘛！"小李夸赞道："先生，您的理财意识很强啊，很有经济头脑。现在，国债代理业务已经过期了，我们近期代理的是人寿太平保险，这个险种卖得可快啦。"中年男人问道："我家五口人，爱人、女儿、儿子、母亲，我特别惦记我60岁的老母亲，想给她买份保险，你给参谋参谋。"小李马上说道："您这份孝心真难得。我给您推荐太平盈利保险，投保年龄是65周岁以下，正适合您的母亲。年利率2.25%，如果意外身故，可以获得2倍的保险金。"

说着，小李进一步介绍："您的儿子、女儿将来要外出上学，您和爱人又年富力强，建议买分红型的。每月分红，如果发生意外身故3倍返还赔偿金，另外赠您一份学生平安卡。"中年男人有些顾虑："我先回去想想，时间不早了，还要赶回学校做饭哩！"小李心想，如果客户临时变卦了，把钱转存其他银行了怎么办？于是，小李赶紧问道："您在哪所学校做饭？"中年男人回答说："二中。"小李马上接话说："我营业所主任的孩子就在你们学校，一直夸食堂饭菜好吃，原来是您的手艺呀！"中年人听后，非常兴奋："真的吗？人人都夸老师好，我没想到还有人夸我这个做饭的。谢谢了，对了，你先给我说清楚吧，我现在也不着急走。"小李又详细解释了一番，中年男人笑了："现在我明白了，买保险就好比买雨伞，平常不用，下雨有用。"小李夸奖道："您的比喻可真恰当！"这时，那位中年人才决定填单，将5万元全部投保。

在整个交谈过程中，小李的赞美不断："您的理财意识很强啊，很有经济头脑""您这份孝心真难得""食堂饭菜好吃，原来是您的手艺呀""您的比喻可真恰当"，而且，他的每一句赞美都是有根据的，并不是泛泛而说，这样的赞美之词顾客听了怎能不喜欢？小李可谓是一个善于发现别人优点的人，顾客说同样几句话，有的人却没能发现值得赞美的地方。小李正是凭着自己敏锐的眼光，发现了顾客身上那些值得赞美的地方，才如愿打动了原本犹豫不决的顾客。因此，在生活中，我们要善于去发现他人身上值得赞美的地方，发现了就要大声赞美，这样我们才能打动他人的心。

首先，从细节处赞美。那些有经验的人常常会抓住某人在某方面的行为细节，巧言赞美，这样就很容易赢得对方的好感。因为细节的赞美，不仅给对方带来心理上的满足，而且，还会增进彼此的心灵默契程度。你能观察到对方那些尚未被人发现的优点，就表明那些赞美是你发自内心的，如此自然而又真诚的赞美足以打动人心。

其次，挖掘他人身上的闪光点。每个人都有自己的长处，我们在赞美他人的时候，关键是你是否"慧眼识珠"，能否发现对方身上的闪光点。有的人常常埋怨别人身上没有优点，不知道该赞美什么，其实，这恰恰说明了你缺乏发掘闪光点的能力。

最后，赞美的角度要新颖。每个人都有许多优点和长处，我们对他人的赞美要独具慧眼，善于发现对方身上的"闪光点"和"兴趣点"。从新颖的角度赞美，这样将达到事半功倍的效果。

让"马屁"恰当好处，那也是一种赞美

英国《新科学家》杂志做过一项有趣的研究，访问了包括灵长类专家在内的动物学家，结果得出这样的结论：办公室就犹如丛林，要想在办公室很

好地生存，必须谨记一些金科玉律。其中之一就是需要对老板逢迎拍马，这样就会得到奖赏。

拍马屁，历来被人诟病，却一直盛行不衰。在每个人的一生中，没有一次拍马屁的行为，几乎是不可能的。拍马屁会迅速获得他人好感，从而建立良好的人际关系。曾仕强教授曾说："我们不能拍马屁，一味地讨好别人而不顾客观事实，但我们可以创造很浓厚的马屁味道。简单一点说就是，如果每个人都知道你在拍马屁，那你就不要拍；但你拍到好像没拍一样那就去拍。"一语道出了拍马屁的意义和玄机。

马屁一定要拍，但是不能拍得太明显，太露骨，太离谱。拿捏拍马屁的程度十分重要，最好的马屁是看不出的马屁。这里对拍马屁提出了较高的技术要求。其实，人际交往本身就是学问，拍马屁作为人际交往的一部分，尤其值得琢磨和研究。拍马屁拍得得体有用的人，往往具有较高的情商。

情商，简单地说是一种体察他人情绪的能力。所以，情商高的人，可以更快地读懂别人的内心，从而迅速拍出合适的马屁。我们知道人与人之间的智力水平差不多少，新入职场的年轻人，少不了聪明睿智，少不了学识修养，但是聪明和学识对他们前途的影响，却远远比不过情商。"锐气藏于胸，和气浮于脸"，在职场中打拼，人们更喜欢那些办事精干而且为人体贴的同事。他们不把精明写在脸上，他们给人送去关怀和问候，更送去尊重与温暖。你可以说他们势利、拍马屁，但你绝对不会讨厌他们。

《红楼梦》一书中，湘云给人的印象是心直口快，生性开朗，深得贾府上下的喜欢。湘云是贾母的内重侄女，由于她父母早亡，跟着叔婶生活，而叔婶又待她不好，所以她就经常到贾府小住。可贾府的环境是相当复杂的，在那宏伟的外观之下，人与人之间，表面看似无它，其实却藏了许多玄机。

在这样的环境中，要想寻得生存，仅靠天真和不谙世事是不可能的。

初到贾府，首先要做的是拉拢人情。对这，湘云早有准备。她从家里带出来4枚绛纹石戒指，这4枚戒指的发放也经过精心安排。分别是给袭人、鸳鸯、金钏儿和平儿的，再看看这4个人的主子，宝玉、贾母、王夫人、王熙凤，这4人是整个贾府的权力代表，掌管着整个贾府的人事任免和财政支出等重要事情的决策权。由此不难看出，湘云的礼物是颇有心计的。

由于条件有限，贵重的礼物湘云是没有的。她给这4个丫环送点小东西，表面上的意思是联络感情，如果她遇到什么难处，这几个人都能在自己主子面前替她说话，这才是最根本的原因。

其实湘云有这样的做法，也不过是出于一种人性上的本能，并不代表她生来就是一个精通世故的人。每个人处在一个陌生的环境下，都会想办法为自己寻找一点靠山，来保护自己不受到伤害。更何况她家道败落、无依无靠，就更需要为怎样在这个环境中生存，怎样寻求一些帮助动点心眼了。

适度的马屁，总是令人开怀展颜，并换来好意与帮助。在职场中，应当知道如何拍马屁。一味地清高孤傲，不与人交往，不讨好上司，很快就会出局。每个人的内心深处都渴望得到他人的肯定和尊重。尤其是在竞争激烈的职场，上司们为了鼓励下属多干活，可能会经常说些激励人心的话。可是上司该从哪里吸取动力呢？这时，聪明的下属不妨多几句赞美，多几句肯定，从而满足他们内心的需求。

拍马屁就不要吝啬赞美之词，更要懂得欣赏别人的长处。每个人都有长处，关键是如何通过欣赏他人的长处，提升自己在他人心目中的地位。

在一个电影中看到了一个故事，很有启发性：王晓梅是某公司老板的秘书。最近一段时间，老板的行政助理去美国探望老公了，因此公司里多数人都认为王晓梅会被提拔为新的行政助理。可是出人意料，一位进公司只有两个月的前台接待于小姐犹如一匹黑马，击败了王晓梅，登上助理宝座。

王晓梅很不服气，认为于小姐没有什么工作能力，完全靠拍马屁上位。

于小姐很会“来事”。老板是位50多岁的女人，梳妆打扮很不在行，一次在披散开的头发上别了枚红色的发夹。当时公司里所有女性都觉得好笑，认为这种打扮实在老土，忍不住偷偷议论。可是于小姐却没有说笑，而是站出来对老板说：“人的气质好了，怎么打扮都错不了。老板，你的发质很好，肤色又白，我觉得头发盘起来肯定更有韵味。正好我刚学了几个月美容美发，不如帮您换个发型吧。”老板听了大喜，连忙请于小姐为她梳头。

这件事后，于小姐与老板的关系迅速升温，经常在一起闲聊各种问题。有一次，于小姐忽然由衷地对老板说：“您独自一人在上海做事，孩子和老公都在广州，真是很不容易。可是我们办公室的这些女士，她们一下班就急着回家做饭，舍不得老公孩子。女人和女人，真是不一样啊。”此言一出，又令老板开颜。

王晓梅之所以不服气，是因为觉得于小姐缺乏能力。可她没有想到，于小姐的马屁功夫就是一种超级本领。从她与老板的几次交往中可以看出，她十分熟知老板的个性，揣摩透了老板的心思，这一切难道不正是一名助理该了解的吗？相比之下，王晓梅除了业务往来外，与老板之间显得较为陌生，不能设身处地地为老板着想，这样的人如何做得好一名助理？

所以，拍马屁是一种交际沟通的需要和能力。马屁拍好了，对方感觉舒服了，会使你在职场中轻松获得有利地位，甚至化腐朽为神奇。

职场生存，服从是一切的准则。因此不要用“我天性不喜欢”“我看不惯”等理由拒绝提高自己的沟通能力，学会拍马屁，而且还要拍好马屁。

拍马屁一定要注意场合，最好不要在大庭广众之下大献殷勤。拍马屁最好含蓄一点，语言尽量平淡，但是每句话都有说到对方心坎上。

女人爱美，但她们更爱被人赞美

现代社交语言中，离不了“赞美”二字。女性爱美，更爱被人赞美。当被别人赞美、恭维时，惯常的思维是立即表示出谦虚，以换回对方更好的印象。

谦虚使人进步，可是社交中面对他人的恭维和赞美过度谦虚，有时候不但换不来更好的印象，还会令对方不舒服。这是由于女性过分自谦，折射出内心强烈的自我意识。她们表面上是谦虚，实际上对人际交往有着深深不屑。或者说，她们看透了人心，对人有了更深的不安感。

我一个朋友，叫潇潇。她出生于高干家庭，本人又精明能干，从小到大，她听多了他人对她父亲和她的恭维之词。所以她变得十分理性，每每听到赞美之语，第一反应就是探究背后的真相：他到底为何称赞我？有什么不可见人的目的吗？这种理性的反应令她从没有真正地享受赞美，无法正确地对待他人的赞美。

当然，这种态度注定她很难交到真心朋友，在交际中也常常感到不舒服。所以，面对他人的恭维和赞美，如果不想拒绝对方，就不要过分自谦。恰当的做法是以谦虚的态度表示接受。来自别人的赞美或许不够真诚，但请记住：这是场面话。交际离不开场面话，比如别人见到你会说：“你今天的气色不错啊。”“你的这件上衣很好看。”你在高兴之余难道一定要去追究这些话是真是假吗？

别人的赞美，很多时候只是为了打开话题，活跃一下气氛，拉近与你的关系。谦虚地接受别人的赞美，表现出感激之色，那么你们的关系会迅速升级。所以，当他人称赞你的服饰得体时，你完全可以开心地笑笑并说："谢谢。"当然，服饰是否真的得体，已经不再重要。重要的是通过这句赞美，你们彼此表示出了对对方的认可。

我以前的同事兰兰是个非常认真的女孩，做什么都一丝不苟，对人对事都有着较强的原则性，对他人的赞美更是心怀挑剔。比如男同事夸她漂亮，她会想到是不是他有什么不良企图？女同事夸她老公体贴，她又觉得别人太关注自己的家庭。总之，对于他人的赞美，她总以评判的眼光去看待。

如此敏感地对待赞美，除了令自己心情忐忑外，还会错过来自对方的好意。别人的赞美不只是场面话，也可能出自真心，对你由衷地表示赞扬。比如你帮助了别人，他们非常真诚地表示感谢。这时女人也要接受对方的感谢，可以说："我很高兴能帮你"，也可以说："能帮上你，我很自豪啊。"这样的话语会让对方感到心安，使你们的关系进一步加强。有些女人担心这样做不太谦虚，于是她们会说："这样的小事，不值一提。"她们还会说："不用谢，这是我该做的。"这些话确实足够谦虚，但是对方听了会是什么感受？他们可能感觉你并不太在乎他们，而且对他们的能力表示怀疑，甚至有种越俎代庖的感觉。

本来帮了别人，却给人压力，这不是聪明的社交策略。

对于女性来说，赞美有时候就像带刺的鲜花，不小心会扎伤一双玉手。因此正确接受别人的赞美，就该学会拔掉这些"刺"，使自己更舒服地享受赞美，改善人际关系。

女性先要做到不对赞美感到不安。有时候虽然没有达到目的，可是他人还是表达了赞美之语，这时女性常常不安，觉得无功受过。其实，成功不一定就是最终目的。你付出了足够努力，已经接近目标，别人的赞美会激发你的潜能，朝着最后目标冲刺。所以应该接受这时的赞美，而不是感到不安和丧气。

在一本杂志上看到过这样一个小案例：在一次招待会上，由于准备工作不周全，致使整个会议过程出现了很多纰漏，不过总裁并没有责怪秘书，他只是说："阿美今天打扮得很漂亮也很得体。"工作中出现了疏漏，总裁还有心情夸奖她，她心里有些忐忑。总裁又接着说："希望你把工作也做得像人一样漂亮。"

阿美立刻明白了总裁的用意，她羞愧地低下头。从那次谈话以后，她的工作就很少出现错误了。

在日常生活中，我们更应该愉快地接受赞美，不要追究对方的真实意图。哪怕你明明知道他另有所图，只要对自己有益，也要乐于接受。

美国有位心理学家曾经做过这样一个实验。他从一个小学里随机抽选了20名学生，然后交代他们的任课老师，要经常注意赞美他们。几个月以后，这些被赞美的学生的成绩都有了很大的进步，并且在其他方面也表现出一种很积极的态度。实验证明，不时的赞美是激发进步最好的途径。

生活中来自他人的赞美，往往都有目的性。比如老公赞美妻子厨艺高超，可能是为了激励不爱做饭的妻子；上司赞美下属说话得体，可能是为了激励他多做业务。不管这些赞美的真实意图如何，自己是否具备这些优点，愉快地接受，并付诸努力。看看吧，你真的在这些方面有了改进，并且你与赞美者之间的关系也有了很大的改善。

还有，对于来自他人的虚伪赞美，是接受还是戳破？这常常令女性大感为难。实际上，聪明的女性大可不必太在乎这些虚伪的赞美。只要保持清醒的头脑，对自己有着清晰的认识，就不会被赞美迷惑。说到这里，还是提醒一下女性朋友。不管赞美多么让你高兴，高兴的同时，一定记住不要因此而骄傲自大，变得飘飘然。接受，但要谦虚，就会自动地排除掉那些虚伪、骄傲的成分。

赞美有很多方式，学会从对方得意之事夸起

赞美是一门艺术，想要让自己的赞美沁人心脾，就得找到能打开人心的那把钥匙。赞美的方式有很多，钥匙也不止一把，而最简单的莫过于去谈论对方最得意的、最有成就感的事情，积极地以这些事情为话题，不动声色地夸赞别人。

我有一个妹妹叫张盼盼。她是个性格爽朗的女孩，不管是亲戚朋友还是周围客户，她都能很快跟对方打成一片。她的好人缘，全得益于她懂得察言观色，巧妙地找出话题，悄无声息地赞美人。

一次年终聚会上，她的直属上司因突发情况要处理，不得不暂时离开。只是，他偕同爱人一起来参加，自己走了，爱人独自参与聚会，谁也不认识，显得有些寂寞。他知道张盼盼能说会道，做事有分寸，就拜托张盼盼关照一下自己的爱人。

当张盼盼被上司介绍给他的太太时，两个人是初次见面，一点儿也不熟悉。为了避免尴尬，张盼盼试图寻找点谈得来的话题。这时，她突然看到上司的太太脖子上佩戴的坠子，随口说了一句："您的坠子很特别，似乎并不常见。"

果然，这句话引起了这位太太的兴趣，她说：“是的，这个坠子只有在巴黎圣母院才买得到。”张盼盼的话，让她想起了关于坠子的种种往事，她的话匣子就这样打开了。

言谈之间，张盼盼感觉到，上司的太太对饰品非常有研究。她便顺着这件事，赞美对方：“看来您对饰品真的是很内行。我觉得，收藏饰品也是非常考验一个人的品位的，以后在这方面我还得向您多请教呢！”

上司的太太和张盼盼相谈甚欢，全然忘了时间。待聚会结束后，她还觉得意犹未尽。回去之后，她跟先生说：“张盼盼这女孩真是不错，我跟她很谈得来。”

会说话的人就是这样，懂得从欣赏他人入手，拉近与对方的人际距离。他们从对方最得意的事情说起，选择对方想听、想聊的事情展开话题，并借此机会给予对方真诚的、发自内心的赞美。

我一直很佩服我朋友王晓丽。她在一家公司做业务代表。有一次，王晓丽的老板要她去拜访一位老客户，希望能跟对方签下一个季度的订单。王晓丽之前听公司的同事说过，这个老客户性情清高孤傲，待人冷淡，从来不轻易买任何人的账，公司的人都不愿意跟他打交道。

烫手的山芋到了自己这里，王晓丽忧虑了好几天。可领导交代了，事情还得去做。王晓丽就开始了解这位老客户的情况，无意中发现这位老先生很喜欢书法。在拜访之前，她花费了几天的时间，专门去阅读书法方面的书籍。

到了拜访的那一天，她来到这位老客户的家里。果然，老客户对她的态度非常冷淡。这时，王晓丽看到客厅里挂着一幅书法作品，她灵机一动，装作不经意地看到那幅作品，边欣赏边赞叹道：“这幅书法作品，气势磅礴，用笔一气呵成，真是一幅好作品啊！敢问先生，这幅作品您是如何得来的？

出自哪位名家之手？”

这一番话让老客户的态度突然有了转变，脸上瞬间涌现出一份愉悦感和自豪感。他笑着对王晓丽说：“这是我自己闲来无事的随手之笔！”

“哎呀，原来是先生您的作品，真是厉害啊！我学过几年书法，知道一点儿皮毛。要达到您这样的境界，可真是不容易！”王晓丽见老客户很开心，继续恭维道。果然，老客户的态度彻底变了，话也多了起来。接着，王晓丽对所谈话题着意挖掘，环环相扣。最后，王晓丽说服了老客户，让老客户签了下一个季度的订单。

卡耐基说过：“即使你喜欢吃香蕉、三明治，但你不能用这些东西去钓鱼，因为鱼儿并不喜欢它们。你想钓到鱼儿，必须下鱼饵才行。”所以，我们平日里赞美他人，也要善于挑选对方喜欢的事物。

那么，如何找准对方的兴趣点来称赞呢？可以从以下几个方面入手：

首先，从对方的兴趣爱好入手。每个人都有自己的兴趣爱好，不管是谁，只要懂得在说话的过程中投其所好，就能在人际交往中获得意想不到的收获。

其次，多聊聊对方的得意之事。人在潜意识里都希望自己能够成为众人瞩目的焦点。所以，在跟对方交流的时候，不妨多聊聊对方得意的事，包括对方在工作和生活中取得的成就。这样就很容易引起对方的兴趣，博取对方的好感。

最后，称赞对方喜欢和在意的人。选取对方引起为豪的人，大加赞赏，对方会不知不觉地产生一种成就感和满足感。很多时候，不是我们与人没有共同话题，也不是他人没有值得赞美的地方，如果能多多留意一下对方最引以为豪的人和事，适当地赞美，就能相谈甚欢。

Part 8

幽默的语言，让沟通更具感染力

用幽默的语言，建立融洽的关系

在工作中，和同事相处得如何，直接关系到能否做好工作。如果同事之间关系和谐，就能让大家保持愉快的心情，有利于工作的开展；如果同事之间关系紧张，矛盾重重，就会影响正常的工作秩序，严重的还能阻碍事业的发展。

幽默可以帮助人们在工作中和同事建立融洽的关系。一个人若能跟同事分享快乐，就能赢得同事的好感和信赖。从而获得同事在工作中的帮助，更容易实现自己的职业目标。即使一个人与其他同事并不志趣相投时，对于快乐与欢笑的分享，也能让这些工作伙伴体验到心灵的默契。

西方有句谚语说，在仆人眼中没有伟人。同理，在同事眼中也没有完人。同事身上可能会有这样或那样的缺点，这是正常的，我们不必对同事期望过高。假如我们在同事身上发现对方阳光的一面，那么对方很可能也有阴暗的一面。反之，假如我们在同事身上看到了一些阴暗面，那也并不表明对方就没有阳光的一面。因此我们在工作中应该宽容大度，要学会接受期待和现实之间的距离。

然而，在职场中，有很多人只去挑剔同事身上的小缺点，却忽视了同事的优点。他们一旦抓住同事的缺点就进行讽刺挖苦，这种做法千万要不得。

我记得以前有个同事叫张大猛。他人如其名，长相有些“猛”，由于青春期时长痤疮，他的脸上留下了许多疤痕。有一天，一位同事神秘兮兮地跟另一个人说：“嗨！你来看一张图片，猜猜他是谁？”大家凑过来一看，原来是一张橘子皮的图片。

有人明白了他的用意，便大喊：“你拿张大猛的照片干吗？”全屋爆笑，从此张大猛就有了一个绰号“橘子皮先生”。张大猛既委屈又恼火。

我们领导觉察到这件事，便对大家说：“最近有人说张大猛是橘子皮，太不照顾同事的情绪了。我宣布个事，从现在起，你们以后再谈到他的长相时只能说：张大猛，咳咳！他长得很提神。”

一个真正懂得幽默的人，总能发现同事的优点，并让自己对同事的行为保持一种乐观积极的态度。我们应该敞开自己的胸怀，去宽容、接受同事的小缺点和小错误，让彼此的关系更加融洽。

假如一个人善于体谅与宽容他人，那么他就会更关注同事身上的优点，能和同事更好地相处，他的工作就会相对轻松。但在现实中，同事之间总会发生很多矛盾，其实这往往就是“宽于律己、严以待人”造成的。

我曾在一本口才杂志上看到过一个故事：阿雅和小玲是多年的同事，两人隔桌而坐，情同姐妹，彼此也有着良好的默契。尽管如此，有时也难免发生冲突。

有一次，为了处理上司交代的项目，两人有不同的意见。在无法协调的情况下，她们居然发生了严重的口角，后来彼此冷战，形同陌路。到了第五天，阿雅实在忍受不了这样的工作气氛，为了打破僵局，她趁小玲也坐在座位时，翻箱倒柜，把办公桌的抽屉全部打开来东翻西找。

后来，小玲终于开口说：“喂，你把所有抽屉打开来，到底在找什么？”阿雅看看小玲，幽默地说：“我在找你的嘴巴和声音啦！你一直不跟我说话，我都快活不下去啦！”两人扑哧一笑，重归于好。

不管事实真相如何，我们应该了解并接受别人的小错，并借幽默增进同事间的联系。

我以前一个做编辑的同事小赵，就是个风趣幽默的人。记得有一次发薪水的时候，小赵的工资卡里面居然分文没有。当然，他没有像一般人那样气得暴跳如雷，或者破口大骂。他只是跑去问财务部门的人：“怎么回事？难道说我的薪水扣除，竟然达到了一整个月了吗？”

当然，小赵一分不少地得到了薪水。

小赵对同事偶犯错误持一种宽容的态度，而不把它看成一件了不得的大事，更没有对同事批评谩骂。借助幽默的方式，他顺利地与同事沟通，并解决了问题。

巧用幽默口才来跟同事沟通，以建议的方式来取代批评，对工作上出现的问题，用轻松的心态和你的同事一起面对。那么，你和你的同事才会融洽。假如我们以尖刻的批评去对待一位没有处理好工作的同事，就会造成失败的局面。那位同事会丢失他的自信心，而我们会失去他的信任，得不到应有的支持。只有“以对方为中心”，了解他人，时刻不忘幽默，才能真正打开沟通的途径。

一个幽默的人，别人都喜欢接近他，他由此能获得更多的支持和帮助。在职场竞争日益激烈的今天，有个好人缘是非常重要的。假如一个人遇事不够宽容，不能以幽默化解危机，就会给他人留下心胸狭窄的不良印象。这种人在现代职场上是不可能有大作为的。

幽默会引人发笑，更会让沟通变得轻松畅快

心理学家认为：幽默是一种最富感染力、最具有普遍传达意义的沟通艺术。我们从来不会否认幽默在人际交往中的作用，因为幽默会引人发笑，人们大都喜欢与那些富于幽默感的人交往，因为他们总能给人带来一种心灵上的愉悦和轻松。在日常工作中，当我们面对客户的时候，幽默的语言可以帮助我们拉拢客户，从而促使生意的顺利进行。这是因为，在工作中，生意本身会让客户对我们充满戒备与敌意，假如我们适当运用幽默的技巧，就可以消除客户的紧张情绪，从而促使整个洽谈过程轻松畅快，充满人情味。所以说，在生活中，那些富于幽默的人更容易获得客户的欢迎，赢得他们的信任，促使交易走向成功。

记得去年我准备买房子时，一家房产销售对着我夸着他们这个新楼盘是多么多么好，说小区绿化也好，物业也尽责。

就在此时，远处走来一队送葬的人，他们哭声震天地从客户面前经过。这位推销员立刻对我说："您们看，这位可怜的人——他是这儿唯一的医生，没想到被活活饿死了。"

假如推销员对送葬队伍这件事没有一个合理的解释，恐怕我很难将他先前的吹嘘当作一回事，还会对推销员的印象大打折扣，甚至对他介绍的房子产生怀疑。而推销员的随机小幽默恰好打破自己所面临的尴尬，并用幽默的语言赢得了我的好感。

我在一本书中还看到过这样一个案例：雷宇是一位推销钢化玻璃酒杯的推销员。一天，他在很多客户面前进行示范表演。为了说明酒杯的经久耐用，他把一只钢化酒杯丢到地上。出乎意料的是，这只酒杯居然"啪"的一声摔碎了。

客户们都睁大了眼睛，搞不清楚状况了，难道是产品不靠谱吗？雷宇的心里也“咯噔”了一下，但他马上恢复了平静，用沉着而诙谐的语气幽默地对顾客说：“像这样的杯子，我是不可能卖给你们的。”

听了雷宇的话之后，大家都轻松地笑了，以为第一次砸碎杯子是为了跟下面的表演进行对比，先吊一下大家的胃口。场内气氛立刻活跃起来。雷宇乘机又扔了五六个杯子，都取得了成功。就这样，雷宇化险为夷，博得了顾客的信任，顺利售出了几百个酒杯。

雷宇之前没想到会出现这种失误，对于突如其来的状况只有随机应变。他巧妙地来了个顺水推舟，让突发的情况成为推销的一个环节，从而制造出强烈的幽默效果，实现了推销的目的。

在日常工作中，当我们与客户洽谈的时候，很容易出现难堪的场景。比如像案例中的这种情况，这时就可以用幽默的语言化险为夷，在紧急时刻恰到好处地运用幽默来帮助自己摆脱尴尬。富于幽默的人走到哪里就会把快乐带到哪里。因此，在销售过程中，不妨适时地幽默一下，缓和与客户之间的紧张气氛，快速达到彼此合作的目的。

当我们在使用幽默的沟通方式时，沟通的双方往往会处于一种轻松愉快的情景中，并且会降低或放下戒备，以一种乐观舒适的心态，更加乐意倾听和理解。因此，当我们在与客户打交道的时候，幽默是建立信任、增进关系的最佳策略。假如我们可以让客户笑，那我们就能促成他们购买我们的产品。

当然，在面对客户的时候，我们可以适当说一些笑话，这样可以快速降低客户对我们的敌意，促使销售成功。不过，千万不要过分，假如掌握不好分寸，那就会给客户留下轻浮、不可靠的印象。我们在需要调侃幽默的时候，不要拿客户的一些私人问题说笑，以免引得客户不快，使客户觉得我们不够尊重他。而且，幽默也要分对象，当我们打算轻松幽默一番的时候，最好分析一下客户是否喜欢幽默。假如我们遇到的是一本正经的客户，那就直截了当，而不要故作幽默。

开玩笑的话语，一定要掌握好尺度

按照关系定律，你站在一个位置，跟这个位置越近的人越可能跟你关系不错，那么说话的方式就可以以此来定。说话的时候，每个人在每个场合说话都不一样，有些人说得让对方难以接受，有些人说得让周围人难以接受，有些人说得让自己难以接受。

我以前在工作的时候，有个同事叫李蒙。他最喜欢做的事情就是和女生聊天，却几乎都不跟男生聊天，很多人都以为他是 gay。可是周围的女生最不喜欢跟他聊天，每次都说得人家面红耳赤的，可是他又一副娘娘腔，让女生完全不好说什么。

当时我们办公室新来了一位漂亮女同事，李蒙开始跟她套近乎。可是对方已经有男朋友，李蒙也有女朋友，李蒙每次喝酒后就给这个女同事打电话，总是说很想她，让她给自己一个机会，做异性兄妹。在办公室的时候李蒙还说，就想吃女同事给她做的饭，这样可以将姐妹进行到底。

女同事觉得李蒙平时很幽默，每天笑话不断，很吸引人。可是他这样做就不是幽默了，太具有攻击性了，完全不知道轻重地对待她，让女同事大为光火。她可不愿意跟这个人发展更深的感情。

跟人交往，不应该把一种幽默放大到无限。因为再好的幽默也不能得到所有人的认可。这跟吃饭一样，南北口味不同，男女口味不同，大人小孩口味不同，每个家庭的口味也不一样。如果把一种口味的幽默用到所有人的身上，很容易让人伤神，费心不讨好。

我朋友王翔是个自以为幽默风趣的人，但他用风趣幽默的语言调侃时，却总是起到反效果。例如，有一天，他老婆问他："老公，你说我瘦了吗？"王翔看着老婆丰满的身材，说："老婆，你每天都吃那么多，怎么可能瘦下来呢。"老婆大发娇嗔："什么嘛，人家就是多吃一点而已。"王翔看着体态臃肿的老婆很无语。

还有一次，中午午餐，我们大家一起边吃边聊。一个身材瘦弱的同事谈起了自己刚刚看的一个新闻："美国有好多胖子都有几百斤了，据科学家调查，人们容易发胖就是管不住自己的嘴。我们每天摄入的营养要比身体所需的营养多太多，胖子都是活受罪。"王翔想到了老婆的行为，对此深表同意，接着同事的话说："可不是，胖子都要为自己的行动负责，胖不是一个道德的行为，他们胖纯属自找。"结果把公司的胖人同事都得罪了。

开玩笑的尺度多大是适合的，需要思考。如果是好朋友，可以拿人们时常讽刺的话题来开玩笑，可以引起人们的共鸣。换了不熟的朋友，恐怕会被人说你不分轻重，不懂分寸。

如果你的附近有女性听众，不要拿皮肤、幸福、人生、婚姻、孩子、房事等话题来开玩笑，很容易"说者无心，听着有意"，无意中引起矛盾，或者得罪他人。

以前在办公室工作时遇到过这么件事，印象很深刻。当时我们有个同事叫刘晓萍，快四十了，可是因为先天的原因还没有孩子。而孩子已三岁的同事小李在旁边叽叽喳喳地说起了最近听到的一个八卦。

一个女人进了协和医院大厅，她的肚子挺大的，是马上要分娩的孕妇。一个护士走过来问道："你是要生了吗？"孕妇回答："是的。"护士例行公事地说："顺产还是剖腹产？"

孕妇眉头一皱："剖腹产吧。"

护士看了孕妇的大肚子一眼："那怎么不住院呢？"孕妇笑着说："没事儿不着急，床位好像满了。"

好心的护士说："我一会儿帮你问问看，有床位没，今天日子不错，八月八日，能生就生了吧。"

小李说完了，然后来了一句总结："旁边的人都觉得这个孕妇心太大了，现在生孩子的都不着急。"

刘晓萍心里一阵不舒服。其实她很希望自己有孩子的，可是老天不帮忙呀。刘晓萍咬了咬牙说："现在生孩子容易，带孩子太辛苦了，好多外婆和奶奶都不愿意带孩子呢。"

小李的脸色一阵红一阵白，她自己就因为没人带孩子，在家待了好久。

如果是关系不错的好朋友，可以以两个人常见的相处方式随便说话，按照两人已有的默契来保持双方沟通的畅通。因为双方都很了解对方，所以要避开对方的"伤疤"进行交谈，这样才能让伤好得更快。

再要好的关系也总有一些底线。对男人来说，老婆是不能被别人随意拿来开玩笑的。再好的关系，也不能拿对方的不足开玩笑。即使可以开玩笑，也不能过分，这样不仅让对方烦躁，还容易让对方觉得你对他有恶意。

别把讽刺当作幽默，那只会起到反效果

我们在使用幽默来赞美周围的人与事时，就如一句谚语所说的那样——“送人玫瑰，手留余香。”反之，如果在不恰当的场合，却用讽刺幽默来面对周围的人与事时，就会让身边的朋友疏远你。

在这个竞争日益白热化的时代里，由于生活、工作中的种种压力，人们越来越渴望用幽默让自己快乐起来。然而很多人却误解了幽默的含义，以致将讽刺错认为是幽默，把自己的欢乐建立在他人的尴尬上。有的人认为自己比别人优秀，因此会在言语中让别人觉得他高人一等，甚至还会在言语中讽刺别人不如自己。对此，即使别人再谦逊，恐怕心里也会愤愤不平。

记得看过一个小故事：有一天，一位富家少爷应邀参加一个慈善舞会，他在会上邀请了一位身份平常的女士跳舞。女子很不好意思地说：“您怎么会和我这样一个平凡的人跳舞？”富家少爷自认为幽默地说：“这不也是一件慈善事业？”

很明显，这位富家少爷的幽默是抬高了自己，贬低了他人，实在是让人难以发笑。当女子听完他的话后，或许会正色对他说：“我想我还是不接受您的慈善为好。”

朋友间的友情是需要好好维系的，而婚姻更需要小心呵护。因此夫妻间更应注意自己的言辞，切勿将幽默变为讽刺。

我同学老王平时很喜欢开玩笑捉弄别人。一次，老婆对他说：“同事都说我胖得像猪。”老王义愤填膺地说：“他们怎么能叫你猪呢？这实在是太不像话了！总不能人家长什么样就叫人家什么吧！怎么能说你像猪呢？那简直是侮辱了猪！”老婆听后，狠狠地瞪了他半天，最后喊道：“老王，我要

跟你离婚！”

老王的妻子本来是想得到丈夫的安慰，没想到，丈夫却直言说妻子连猪都不如。要知道，不论是什么样貌的女人都忌讳别人说自己不好看，何况还是自己的丈夫。所以，当妻子听到丈夫的这番话后，自然会气得想要和他离婚。

对有的人来说，讽刺对方的确是出于无心，但有人却是真的想通过讽刺对方来达到自己心理上的满足。但有时他们也会“讽刺反被讽刺误”，被对方反讽，以致让自己丢了颜面。

有一天，一个朋友来我家做客。当吃完饭我送朋友下楼时，正好在街上迎面碰上了两个这个朋友的同事。

二人很热情地和我这个朋友打了个招呼，其中一个拍了一下他的肩膀说：“我们刚才正在为你而争论，你说你这个人究竟是更无赖，还是更愚蠢呢？”

我听了这个人的话，就眉头一皱。心想这人怎么这样说话，但没想到我这个朋友没有生气，而是紧接着抓住他们两人说：“哦，答案就是，我处于这两者之间。”

我这个朋友的这个回答，不仅使那两位自以为是的同事没有达到讽刺别人的目的，反倒把他们给绕了进去，自讽了一回。

讽刺就好比是一个哈哈镜，当你面朝它时，就会从镜子里看到自己扭曲的外表，可笑的也只会是自己。所以，我们应该找到一面真实的镜子，以弄懂什么才是真正的幽默！

用幽默的语言，扩展你的交际圈子

在交际场合，我们最终的目的是与陌生人成为朋友，所追求的是一团和气，而不是争执、冲突。谁朋友比较多，谁就是最大的赢家，因为朋友就是人脉。俗话说："在家靠父母，出门靠朋友。"假如在交际场合中我们可以多交一些朋友，经常与朋友谈心，聊天，这样就会慢慢地拓展我们的交际圈子，我们所了解的信息也越来越多。而且，在与朋友的相处过程中，我们可以以他人之长补己之短。若是遇到了什么难过的事情，或遇到了什么重大的困难，身边的朋友也可以为我们出出主意。伤心难过的事情，可以找朋友倾诉；开心幸福的事情，可以跟朋友分享。虽然，这是众所周知的道理，却有不少人倒出"交友难"的苦水。似乎自己并不差，但好像就是得不到别人的认可，这该怎么办呢？其实，交友难，难就难在交友的方法上，而幽默却是一种很有效的方法。即便陌生人见面，假如能幽默一点，那气氛将变得十分活跃，双方之间的交流也会变得更加顺畅，同时还为日后更加和谐融洽的人际关系奠定坚实的基础。

我朋友张也明是做销售的，他特别喜欢跟客户聊天。每个客户都是他的哥或姐，嘴巴甜和脑子很灵活都是他的优势，幽默的语言始终装在他的脑海中。

有一次，女客户阿涩用微信向他抱怨："你们公司卖的抽纸太少了，应该只有 200 张吧。每次看电视剧，哭着哭着就没有抽纸了。"张也明笑着说："姐，具体我不知道有多少张，根据我看韩剧的经验，一般一包纸都不够我哭的。有时候我会摆个十包抽纸放在桌上，同时撕开用。"阿涩笑起来："想不到小张的泪腺比我们女人都发达啊，看来我还是买少了。"

你看，多么幽默的一个小伙子，一下就把抱怨的姑娘给逗乐了。

交朋友是一个长期的过程。人的一生都会在不断交友中度过，每个时刻的朋友都会不一样，每一个环境的朋友也都不同。回忆一下，泛泛之交太多，而真心交流的朋友太少了。

有人看了很多交友书籍后却发现自己完全没有交友的能力。他觉得自己的书读错了，于是换了一堆书，结果某一天幡然醒悟，靠技巧交的朋友又有多少是真朋友呢？

这是一个一直都存在的争论，到底是原始交友好，还是技术交友好。其实这个问题跟缘分有点儿像。到底是自然而然的缘分好，还是勇追而来的缘分好呢？从学术的角度看，一个是自然派，一个是现代派。前者表现的是无所谓的态度，而后者是“我命由我不由天”。

作为一个社会人，你不妨做技术派。如果不往前走一步，那么你就会往后退一步，当人生退后一步的时候，见识等各方面都会呈现落后的征兆。你没有交往的那些人可能会让你的人生更加积极向上，让你本人越来越富有魅力。

交友的态度确定以后，我们应该直接实施技术派交友的方法。无论是内在计划派还是外在技术派，我们都不在此展开文字探讨。这里只讲幽默交友之道。

在日趋疏远化的社会中，你两个月不见的好友，可能彼此在路上见了都会忘记长相。这种说法可能有点夸张，但这种快餐式的生活方式下，很多交流都越来越短暂，就像广告越来越短，而图书的文字也越来越少一样。

信息时代，对文字的运用让很多人的交友经验都异常丰富。如果在文字中表现得幽默一点，就很容易让人们第二天继续跟你沟通；而表现得平淡一点，则会让人忘记你的相关事情。我们可以选一个幽默的短信，在平日里给一些好友发送，以保持沟通，如下面的短消息就很合适。

馒头和面条打架，馒头被打哭了，回家叫上花卷和包子去面条家报仇。结果这次是方便面开门，馒头说："你小子把头烫了，我也认得你！"

电话、微信交友也一样。幽默的语言是除了动听的嗓音以外最吸引他人的地方。一个人喜欢跟你聊天的原因，或者是因为业务往来，或者是因为感情，或者是因为某种吸引力。

我曾在一本杂志上看到一个短故事：当一位身材矮小的男教师走上讲台的时候，台下的学生有的面带讽刺，有的则交头接耳，暗中取笑。这位老师扫视了一下全班同学，然后幽默地说："上帝对我说：'当今人们没有计划，在身高上盲目发展，这将产生严重后果。我警告无效，你先去人间做个示范吧。'"听到老师这样的话，全班哄堂大笑，然后变得非常安静。显而易见，他们都对老师的幽默敬佩不已，而忘记了他身材上的缺陷。

当我们变得幽默，我们的朋友就会越来越多，陌生人也会成为新朋友，更多的新朋友会逐渐成为老朋友。面对这些新老朋友，彼此之间是没有交流障碍的。我们可以以幽默的谈吐说天说地，包括过去有趣的事情，未来美好的愿望，工作中的成绩、家里的烦恼都可以跟朋友一起分享。同时，在这个过程中，我们还可以收获更多的友谊。

将幽默传递下去，让忧虑在笑声中消失

幽默将一种亲切、轻松和平等的感觉传递给别人，它可以使各种忧虑统统在笑声中消失。装腔作势、尖酸刻薄都是幽默的手下败将。为了使生活经

常保持着朝气，我们要不断地注入兴奋剂，用幽默来滋润生活。

有这样一则幽默小故事：某一天，爱因斯坦在纽约的街头偶遇一位老朋友。

老朋友对他说："爱因斯坦先生，你好像有必要添制一件新大衣了。瞧，你身上穿得多么旧呀！"

爱因斯坦回答说："这有什么关系？在纽约谁都不认识我。"

数年后，他们又一次相遇。这时，爱因斯坦已成为一位鼎鼎大名的物理家，可他仍然穿着那件旧大衣。他的朋友出于关心，于是就不厌其烦地建议他去买一件新大衣。

"何必呢！"他说道，"现在，这里的所有人都认识我了。"

无论在成名之前或成名之后，爱因斯坦先生都过着非常俭朴的生活，而且对衣着外表淡然处之。朋友先后两次劝他换件新大衣，可他以一种非常幽默的态度来对待巧妙地婉拒了朋友的好意。正因为这种乐观态度，他才能使自己保持良好的生活情绪，从而不至于被忧虑所困扰，也不会向艰难的困境低头。为了让生活一直保持着向上的朝气，我们应该像爱因斯坦学习，以幽默的情绪来对待人生中不顺心的事，时刻为生活注入兴奋剂。

在现实生活中，不仅名人能拥有幽默的人生，常人也能做到以幽默的态度来为人处世。

有这样一个故事：有一个年轻人，他是摩托车运动爱好者，并且一直梦想着有自己的摩托车。终于，他买到了一辆摩托车。但不幸的是，他第一次用新车参加摩托车比赛时，就把车子给撞坏了。

可是，这并没有使他陷入沮丧。年轻人自我安慰道："唉，从前我经常说，总有一天我要骑着自己的摩托车参赛。现在，我真的拥有了一辆自己的摩托车，而且还真的仅仅参加了一天的比赛。"说完之后，他自己也忍不住笑了起来。

人们在生活中免不了会被经济所困扰。撞坏了摩托车，主要也是经济方面的损失。而借助幽默的力量，可以减轻经济问题带来的压力。这个年轻人真的很聪明，知道事情已经发生，埋怨于事无补，所以干脆轻松地对待。

一位体重持续上升的先生说："身体一直在发胖，有什么办法呢？别说节食没有效，就是天天只喝自来水，恐怕还是会胖的。"

上了年纪的老奶奶说："我脸上的皱纹并不多，可苍蝇、蚊子常常被皱纹夹住，吱吱地跟我抗议呢！"

见别人为自己花白的或明显稀少的头发而担忧，不到三十就秃顶的老王说："秃头可以戴一顶帽子嘛！"

年过六旬的张大爷说："我真担忧年龄长得太快，所以，这几年的冬至节我都不吃汤圆了。"

家庭生活中，没有什么事情是不能幽默的，关键在于你想不想。只要保持愉快的心态，你总能发现身边的快乐。比如，男人们都对逛街没什么兴趣，可女人们又很喜欢拉着男友或者老公陪自己逛街。这种事情让很多男人头疼，可它又无法避免，男人必须跟在女人后边，并主动积极地给她付钱。既然这种事总要发生，我们倒不如表现得乐观点，让这难以忍受的事情多几分乐趣。

挑个大晴天，你陪另一半去逛街。等另一半看中一件衣服，只因嫌贵而犹豫着要不要下手时，你不妨偷偷地把款付了，然后拎着衣服，拉着另一半就跑，边跑边对她说："快跑，趁着营业员没看见！"

接下来，你的女朋友或妻子一定会心惊胆战，甚至对你大发雷霆。这时，你就可以把谜底揭开，告诉她："放心吧，我已经把钱付过啦，看，我手心里攥着的不就是小票吗？"

如此大张旗鼓地幽默一下，可以让逛街这件无趣的事情也变得有趣起来。

同时还能让你的另一半感受到你的爱意、你的风趣。

最后要告诉大家的是，幽默人生并没有固定的程式可以遵循，也没有那么多现成的语言可以套用。只要你心里想着快乐，积极乐观地面对生活，自然可以幽默起来，让生活这杯白开水变得有滋有味。

》》》》Part 9

身在职场，不会沟通将寸步难行

进入职场，沟通先从称呼学起

无论是刚刚步入职场的新人，还是已经有了一定经验的达人，在面对工作的问题时，总免不了要跟周围的领导、同事或陌生的客户打交道。而沟通交流的第一步就是给对方一个恰当的称呼。千万别觉得这是小题大做，生活中如何称呼对方是一件非常有讲究的事。

不知道各位是否听过这样一个故事：一个骑马赶路的年轻人，见天色已晚，想找家客栈住下来。只可惜，身在异地他乡，他根本不知道自己到了哪儿，离最近的客栈还有多远的路程。恰好，身边一位老汉经过，他在马上高声地喊道："喂，老头儿，离客栈还有多远？"老汉回答："五里。"

年轻人听后，策马奔腾，急着就往前赶路了。一口气跑出了十几里路，却连客栈的影子都没看见。四处荒无人烟，他有点生气，觉得那老头儿故意捉弄他，很想回去跟他理论理论。他一边想，嘴里一边嘟囔："五里，五里，什么五里？"念着念着，他突然醒悟了。原来，老头儿说的是"无礼"，而非"五里"。

他掉头就往回赶，没过多久，再次与老头儿相遇。这时，他连忙下马，客客气气地走到老人跟前，亲切地叫了一声"老伯"。接下来的话还没说，老头儿便开口了：“客栈离这里很远，如不嫌弃，就到我家暂住一宿吧！”

称呼在交际中有多重要，想必不用再赘述了。称呼是彼此之间展开沟通的信号，也是传达礼貌和情意的途径。从心理学上讲，每个人对他人如何称呼自己都是很在意的。只是由于各国各民族民俗不一样，语言上也不尽相同，因此称呼上有很大区别。

想成为一个懂礼节、受人喜欢的人，不管是朋友相见，还是与陌生人相见，都要特别注意称呼的问题。错误的称呼不仅会闹出笑话，还可能引起误会，让听者不高兴。

有一次我去朋友上班的公司做客，看到了这样一幕。他们公司的前台叫燕子，是个毕业没多久的学生。因为朋友公司的产品很畅销，所以她每天要接待不少的来访者。那天，公司来了一位老太太，穿着十分考究。她是预约来公司了解产品的客户。燕子立刻奉送上热情的笑脸，甜甜地说了一句：“奶奶，您找哪位呀？”

老太太原本微笑的脸，突然沉了下来。她看了燕子一眼，说：“哪儿来的‘愣头青’！”燕子愣了一下，很惊讶，心想：我也没招惹她呀，干吗骂人呢？可作为前台，她不能对客户无礼。燕子就给老太太倒了一杯水，赔着笑脸说：“奶奶啊，我们老板出去了，大概下午才回来。”

老太太的脸更沉了，狠狠地瞪了燕子一眼，转身就走了。

恰好这时候我朋友回来了，遇到老太太就握着她的手说：“哎呀，顾大姐，您来了！真不好意思，我刚出去，让您久等了。来来来，里面坐。”

燕子有点费解，领导才三十几岁，管老太太叫“大姐”？就在她愣神的时候，老太太突然对老板说：“还叫大姐呢？你们这姑娘都管我叫奶奶了！”燕子顿时脸就红了，知道自己在称呼上犯了错误，得罪了客户。

称呼看似很简单，实则蕴含着许多信息。一个巧妙而适当的称呼，体现的是说话者对他人的尊重。就像妙音入耳，让对方觉得很温馨，能够缩短彼此之间的心理距离，使感情更加融洽，沟通更顺利。尤其是在职场上，更不能随随便便地称呼他人。

称呼的格调有雅俗之分，应依据对方的情况选择合适的称呼。对于一些德高望重的老人，可以称之为“某老”，如“李老”。或者加上对方的头衔，如“李教授”，切不可张口就称“老伯”。若是平日里与陌生的老人相遇打招呼，倒是不妨这样称呼。前者带有敬仰之意，后者则是一般情况下的尊称。

再者，年轻人很喜欢称呼别人“师傅”，听起来很亲切，但文雅不足，并不适用于所有人。对于工人、厨师称呼“师傅”比较合适，可对于医生、干部、军人就不合适了，应要视场合、双方关系来选择恰当的称呼。若担心说错，最好就在姓氏后面加上对方的头衔、职务，这样既显得正式，又不失尊重。

在涉外活动中，依照国际通行的称呼惯例，成年的男子都称“先生”，对已婚女子称“夫人、太太”，对未婚女子称“小姐”；对年长但不明婚姻状况的女子或是职业女性，则统称为“女士”。若知道对方的姓氏、职称，也不妨加上，这样更显得对他人的重视和尊敬。

每个人的内心都渴望被尊重，礼貌的称呼恰恰是表现对他人尊重以及自身修养的方式之一。在交际中，我们一定要尽量多用尊称和敬语。对一些资历老的同事，要称呼为“老师”，毕竟“三人行，必有我师焉”。对经理和上司，一定要予以尊重，不要称呼对方“老大”“老总”，直接称呼“经理”“主任”就好。

现在年轻人的思想都比较活络，在称谓上也很亲昵。可是，在职场当中，亲昵的叫法还是尽量少用，一来容易引起别人的误会，二来会显得比较轻浮。

关系比较亲近的同事之间，偶尔会给彼此起个绰号，显得比较亲切。但这些绰号私底下称呼还好，切不可用在公共场合中。对待上司，尽量保持尊重的态度，切不可胡乱起绰号。

说了这么多，就想提醒朋友们，欲在职场与人顺利协作，赢得对方的好感，在对别人的称呼上一定不能马虎。多使用礼貌用语，分清楚交谈场合和主次关系，了解对方的身份地位、个性喜好，能避免许多尴尬，也能给人留下好印象。

沟通虽然重要，但并非什么事都能大聊特聊

工作中真正懂得表现自己的人，通常既表现了自己别人又察觉不到。他们不会自顾自地在那里大谈特谈，不会以自我为中心，而是能给人一种“参与感”。与同事交谈时，他们喜欢用“我们”，因为“我”给人一种距离感，而用“我们”不仅无形当中把其他同事拉到同一阵营，并且更有亲和力，而且还可以按照自己的意图影响他人。

“枪打出头鸟”“木秀于林，风必摧之”。这就告诉我们，一个人太出彩其实不是一件好事。我们要随时保持谦虚低调的态度，才能让自己离成功越来越近。因此，我们在工作后的头三年里就要学会不露声色地让别人注意到自己，这也就是大家所说的“低调地卖弄”。

我朋友张栋是一家大公司的职员。他工作积极主动，待人热情大方，深受同事们的欢迎。可是突然有一天，一个不经意的举动让他在同事眼里的地位一落千丈。

这天大家在会议室等待着经理来开会。一位同事觉得地板有些脏，于是就站起来开始打扫。张栋却没有注意到，一直站在窗台边往楼下看。这时突然他走到拖地的同事面前说要替那位同事打扫，虽然这时地已经拖完了，可张栋却执意要求，同事也没多想便把拖把递给了他。

张东刚把拖把拿过来，经理便推门而入，正好看到他拿着拖把拖地的举动。于是，一切不言而喻。

大家突然觉得张栋十分虚伪，纷纷不再跟他交往。

自我表现是人类的一种本性。就像百灵鸟喜欢炫耀清脆的声音一样，人类喜欢表现自己是很正常的行为。但如果不分场合地表现自己就会让人觉得虚伪、做作，引起其他同事的反感，最终的效果往往是事与愿违。很多人在谈话的时候不管是否以自己为中心，老是爱表现自己。这种人会让人觉得轻浮、傲慢，最终让别人产生排斥感和不快情绪。

在和别人交往的过程中，每个人都希望得到别人的尊重和赞赏。法国一位叫罗西法古的哲学家曾说过：“如果你要得到仇人，就表现得比你的朋友优越；如果你要得到朋友，就要让你的朋友表现得比你优越。”这是因为，当你的表现让朋友觉得他们比你优越时，他们就会有一种得到肯定的感觉；当你表现得比别人优秀时，很多人就会反感，甚至产生敌对情绪。因为每个人都会在无意识的情况下本能地维护自己的尊严和形象。如果有人让他感觉到自卑，那么无形之中他就会对那个人产生一种排斥心理。

在职场中，即便你真的比你的同事强，在表面上你也要给别人应有的尊重，学会与他们相处。这样同事也就不会对你产生反感，同时他们也会慢慢认可你的能力。同时，你还要懂得适当暴露自己的劣势，减轻嫉妒者的心理压力，从而淡化危机。

有一次过年一家人吃饭，听我嫂子讲过她们学校新来的一个老师的故事：李静是刚从大学毕业进入中学的新教师。她对最新的教育理论颇有研究，讲课也形象生动，寓教于乐，很受学生欢迎。这引起了一些任教多年却缺乏这方面研究的老教师的嫉妒。为了改变现状，李静故意在同事面前放低自己的姿态，并且很谦虚地向其他老师学习。

李静放低姿态后，有效地拉进了自己和其他老师的距离，也就消除了他们对她的敌视心态。

平易近人、低调谦和的人总能结交许多好朋友。而那些自私自大的人，在交往中到处碰壁，让人反感。

职场中往往会有这样一些人。他们十分机智，有很强的工作能力，但是他们锋芒太露，让别人敬而远之。他们人太喜欢表现自己了，总想让所有人知道他们比别人强，以为这样才能获得他人的敬佩和认可，其实结果只能让同事们反感。

做人要学着低调，要学会谦虚。越是谦逊的人，别人越是喜欢和这种人在一起相处，最后发现其优点；越是孤傲自大的人，别人越会瞧不起他，喜欢找出他的缺点。因此平时一定要学会谦逊待人，这样才会得到别人的支持，为你的事业成功奠定基础。当你以谦逊的态度来表达自己的观点时，就能减少一些冲突，还容易被他人接受。即使你发现自己有错时，也很少会出现难堪的局面。

不管怎么说，作为职场新人，刚刚踏入公司，一定要学会低调做人。即使你的才华再出众，即使你学校的名字再大牌，也不要在同事之中表现出高人一等的姿态来。你可以表现自己，但是不要太过高调，要保持谦虚的态度。只有这样，你才能在出色地完成工作的前提下又得到大家的赞赏。

沟通要有分寸，时刻注意自己的言谈举止

在职场中，注意自己的言谈举止很重要。如果你的言谈举止触犯到了对方的利益，对方一定会想方设法报复，这样你就很有可能会成为对方的靶子。

做人做事一定要保持低调。如果你经常感情用事，说话很随便，甚至因为一点成绩就得意忘形等，这些不好的言行习惯会在交际中给你带来阻碍。当你的这些言行超出别人容忍程度的时候，别人必定会找各种机会给你小鞋穿。

在一本杂志上读到过这样一个故事：梅朵研究生毕业，凭着自己的实力参加考试，过五关斩六将才挤进了公司。虽然进了公司，却只是个小职员。

公司在办公区有个不大不小的休息室，是员工们吃午饭、喝茶的场所，也是休息时闲聊的地方。有很多闲话都是从这里传出来的。

有一次，梅朵去休息室冲咖啡，正好遇到两个同事正在闲聊。她们看到梅朵进来，也把梅朵拉进了闲聊的话题。

一个同事说："你们知道吗？听说咱们经理是胡总的小蜜。那次胡总来咱们部门视察时，他俩的眼神可暧昧了。"

另一个同事也说："就是就是。那次胡总一进经理的办公室，经理就把百叶窗给拉上了，两人不知道在里面干什么。"

梅朵这时插话道："听说经理只有高中文凭。我们这些大学生、研究生还不如一个高中生。经理的能力实在是不敢恭维。"

当这句话说完后，梅朵就后悔了。这两个同事在公司很久了，她们之间说什么，自然是没事的。可是自己说的话会不会被她们传出去，那就不一定了。想到这儿，梅朵紧张地离开了休息室。

没几天，梅朵被公司辞退了，原因是那两个同事告了黑状。她们把自己说过的那些闲话都推到梅朵的身上，并说给经理听了。两人怕梅朵会把她们说的话传出去，就先下了手。

梅朵知道被辞的真正原因之后，后悔不该听两个同事的闲话，更不该说那一句对经理不满的话。正因为自己言行不当，才导致自己被别人当了靶子。

注意言谈举止，就是在职场中，要知道并明白哪些话该说，哪些话不该说；还有哪些事该做，哪些事不该做。

同样，在什么样的人面前该说什么样的话，做什么样的事，以及不该说什么，不该做什么，都要经过思考，然后做到谨言慎行。

在职场中，谨言慎行是很重要的一方面。有才华，有能力是好事，但如果你不懂得收敛，不懂得隐忍，在人世中也是很难立足的。甚至会给你招来灾祸。

不管一个人多么有权有势，只要他过分地张扬，过分地狂妄自大，傲慢无礼，就不会有好的结局。为了平顺的人生，只有谨言慎行，才能叱咤职场。

你需要练就自我控制能力。因为在职场中，懂得自我控制的人才不会轻易受到情绪制约，不会在冲动之下，做出伤害他人、给自己的职场生涯埋下隐患的事。

就算在面对自己不喜欢的人或者是自己厌恶的事情时，也不要轻易表露出你的情绪。你不必强迫自己喜欢对方，但需要礼貌而真诚地问候对方。如果你无所顾忌，说话做事随心所欲，不在乎别人的感受，这样就会成为别人攻击的靶子。

我朋友柳莹是一家公司策划部的副经理。她业绩突出，多才多艺，能力很强，长得也挺漂亮，在公司却很不受欢迎。

柳莹刚进入公司的时候，凭借自己深厚的专业能力，经常能给上司提出很好的想法和建议。再加上她工作努力，同事对她的评价都不错。

在公司的集体舞会上，她能歌善舞，非常活跃。同事们一起去唱歌，她也是抢尽了风头，吸引了公司男同事的目光。

工作闲暇，女同事们总喜欢谈论一些穿着打扮的事情，而她这时总会无所顾忌地指出女同事们的不足之处。渐渐地，很多同事就都开始讨厌她。

柳莹在公司工作了三年，竟然没有建立起自己的人脉网，公司的新老员工都明显地孤立她。因为她的争强好胜，多次导致工作出现问题，上司在多次劝告她无效后，只好让她另谋高就。

在职场中，跟他人交往的时候，要懂得收敛自己的锋芒，不要认为自己是最优秀的。不要随心所欲地想干什么就干什么，想说什么就说什么。要多站在别人的角度思考问题。有些事，能让给别人做的，就让给别人做；有些话，能让给别人说的，就让给别人说；有些风头或功劳能让给别人抢的，就让给别人抢。

总之，你要谦和、不多事、谨言慎行，才能平顺。隐藏自己的锐气，做一个成熟而有城府的人，你的路就会好走很多。

一些人多嘴杂的场合，你一定要保持距离。说闲话，听闲话，最终闲话的目标人物就会成为你。不说别人闲话，不掺和别人闲话的谈论，那些麻烦事就不会找上你。也不要把自己的心里话说给某些人听。否则，你在与对方有利益冲突的时候，对方知道了你的内心真实的想法，会利用你的心理弱点，明里暗里打击你。

在与比你位高的人交往时，一定要谦卑。不要过于直白地指出他的错误，不要违背他的意思，要顺着对方。这样你才能免于与对方产生矛盾或冲突。

言谈举止决定你的职场生涯。你要注意自己的言谈举止，尽量避免因为言行问题伤害到别人，导致自己职场交际中的失败。

既然步入了职场，就没有了学生时的童言无忌

我们了解，很多学生说话都喜欢心直口快，有什么说什么。有的学生更是以反驳别人为自己快乐的源泉。而因为是学生，没有会和他们计较。但当你步入社会、步入职场后，会慢慢地发现，那些从前在课本里学来的心直口快、仗义执言、直言不讳等行为，在这个现实的世界里显得那么不成熟。因为，那些口无遮拦的人，总是轻易地就得罪了某些人。

我记得以前单位的一个同事，叫小萍。她为人热情，多次帮助公司的女同事介绍对象。但结果是成的少，无疾而终的多。在公司里，有一位30多岁的女同事，小萍多次给她介绍对象都没成。小萍一时心急，就在闲聊时大发感慨说："三四十岁还不结婚的人心理肯定有问题。"语毕，那位女同事很生气地说："我怎么就有问题了，你这么说话合适吗？"

小萍也觉得自己说话过分了，连忙补充道："对不起，我不是说你，我是说男的。"说完，方想起来办公室里还有一位快到40的男同事至今未婚，最后我们办公室一片静默，好好的气氛就这样被破坏掉了。

年轻人一定要管好自己的嘴，别像我前同事小萍那样，什么话都不经过思索，就脱口而出。这样很容易就伤害到别人，而自己在别人心中的信任度就会直接下滑，最终成为一个不受欢迎的人。

我妹妹露露也是这样一个人。她为人直爽，说话直接。同事和朋友们经常说她口无遮拦，说话永远不经大脑。就因为说话口无遮拦，露露常常不顾及别人的面子，所以有时得罪了人，她还不知道。

一次，她闺蜜郝灵买了一件新衣服，很贵、很漂亮。但遗憾的是郝灵的身材因为刚刚生完孩子有些臃肿，衣服穿起来显得有些不合适。

朋友们都看出来郝灵很喜欢这件衣服，所以都不忍心打击她。他们纷纷赞扬起来："这样的衣服才显出你的气质，穿起来真好看啊，虽然贵了点，但物有所值啊！""这件衣服真好看啊！在哪买的，哪天我也买一件！"……

这一系列的赞美让郝灵很受用，她非常高兴。可是这时露露却突然说："你太胖了，身材都变形了，穿这衣服真是不好看，你看你的小肚子都露出来了，多难看啊！而且还那么贵，也没见得好在哪儿啊，我看也不值那么多钱！有这些钱都能买好几件不错的衣服……"

还没等露露说完，郝灵便气愤地走了。其他朋友也很生气："你是实话实说痛快了，可这不显得我们虚伪吗？"

以后，大家聊天时总是躲着露露。毕竟，谁的面子也不禁伤啊！

俗话说"病从口入，祸从口出。"像露露这样口无遮拦，虽然逞了一时口舌之快，但最终却伤人伤己。

步入社会以后，你就没有童言无忌的豁免权了。如果你继续口无遮拦，那么只能让你处于朋友不待见、同事不喜欢的尴尬境地，最终交友失败、事业失败。所以年轻人一定要先明白这个道理，然后在与人交往时，牢牢把握好说话的尺度，避免口无遮拦。只有这样，在与人交往时，才能保证自己不会因为说话而得罪人。

职场学会多微笑，爱笑的孩子才有糖吃

不把同事看成是朋友是很多职场人士的信条，然而，不把同事当敌人却是职场中的很多人所忽略的。身在职场，你不能够对你的同事怒目相视，在

职场上最得体的表情便是微笑。尤其是刚踏上工作岗位的毕业生一定要学会微笑。俗话说“爱哭的孩子有糖吃”，在职场中，爱笑的人才会得到你想要的。在职场上只有微笑，才能建立良好的人际关系，顺利地开展工作。

在工作中，微笑不再是真情流露，而是成为一种职业表情。即使是跟别人吵了架，跟家里闹翻了天，或者破财遇祸事，都不能把这些沮丧的心情挂在脸上。每天出门前，把一切负面情绪都咽到肚子里，然后面带微笑迎接新一天的工作。时间长了，你就会发现每天面带微笑会给你带来许多意外收获。因为，微笑不仅是友好的标志，也是礼貌的象征。在工作过程中，微笑能加深同事间的感情，调节工作时紧张的氛围。

我有一个发小，叫关敏。她刚到公司上班时让很多同事都感到惊叹。人们经常私下议论：这个小姑娘年纪轻轻，脸上却让人看不出任何负面情绪的痕迹。这主要得益于关敏大学毕业前在肯德基打工的经历。肯德基要求服务员学会“微笑服务”，他们每天都强调：顾客对了，要对他们微笑；顾客无理取闹，也要对他们微笑，并且耐心地解释。这对一个心高气傲的年轻人来说，是对耐心和毅力的很大考验。关敏开始觉得不习惯，不适应，觉得委屈。时间长了，她发现，微笑是一种非常好的与别人沟通的方式。也是因为这段经历，让她尝到了微笑的甜头，并把它带到了毕业后的正式工作中来。

关敏现在并非做一线的服务行业了，而是成为了办公室里的一个小白领，每天在自己的方圆一平米内用电脑工作。但是即使如此，每当有人跟关敏说话时，关敏下意识的表情都是嘴角上弯，小虎牙微露，让对方还未说话心情便已豁然明朗。久而久之，同事们都很喜欢这个每天带笑的小姑娘。也有人批评关敏的微笑太职业，不算真正发自内心的笑，但是关敏觉得即使在自己心情郁闷的时候也能微笑着对待别人，这也充分表明了对对方的尊重。

其实，最美的微笑不是与生俱来的，而是训练出来的。有些职场人士不太喜欢微笑，而且也不习惯脸上总挂着笑容。对于这样的朋友，只能多花时间去练习微笑，即使不能达到见到人后自动微笑的地步，多笑笑也会让自己有时低落的情绪得到回转。

最美的微笑是由嘴巴、眼睛和眉毛协调完成的。与此同时，微笑也要讲究度。交谈中哈哈大笑，有时会让大家十分尴尬。微笑如果加上得体的手势或者肢体语言，会更加的自然、大方、效果立竿见影。

在工作中，不管你心里是否赞同对方的做法，你还是要保持微笑。大部分时候，微笑与心情好坏无关，而是源自对他人的尊重。

››››Part 10

学会秀出自我，让领导时刻注意到你

多和老板沟通，给他留下一个美好的印象

职场上有不少人，尤其是刚毕业的大学生，处处因为慑于上司的权威而不敢与之交流。这是不自信的表现，对工作的开展十分不利。其实上司并不是那么不通情理，他也会与别人交流。任何一位上司，都愿意及时了解下属反映的情况，因为他想从中了解一些存在的问题，并从中找出解决的方法。

但在和上司交流的时候，也要注意尺度的掌握。这不仅对上下级的沟通有帮助，而且还能在上司面前展露你的才华，使你给上司留下一个美好的印象。

看过这样一个故事：一次，公司要召开经理级会议，李琦被老板安排拟写会议日程和安排的任务，并且还要下发到每位参与会议人的手中。李琦很快完成了任务，并把提纲以电子邮件发到老板的私人信箱里。老板在开会前两天很不满意地问李琦为什么还没有看到她的计划，李琦回答老板在几天前就传到了她的邮箱。老板说由于那几天忙于洽谈业务，疏于检查邮箱。她提醒李琦以后一定多注意，再遇到类似这样的事情一定要多打几个电话追问一下。后来，李琦又犯了工作上粗心的错误，老板对她产生了不好的印象。

“千万不要自以为自己已经发出的邮件，对方就一定能在第一时间内收到；更不能不对传达信息不做核对就寄发给收件人。”这是李琦的教训。如

果想要让上司转变态度，恐怕还需要很长的一段时间。那么，李琦可能近期内都不会得到什么提拔了。

职场人必须永远牢记在心的生存守则就是和上司搞好关系。不论是升职，还是加薪，上司都牢牢掌握着你的职场前途。所以，能否很好地和上司进行沟通交流才是你升职与否的关键所在。

沟通一定要有效，职业发展到一定阶段，白领的发展瓶颈就集结在人际沟通上。假如上下级沟通不畅，导致业绩不佳和人际关系紧张的事情也不在少数。

所以，必须要注意培养自己的“办公室情商”，这样才能在职场竞争中占得先机。作为下属，沟通是吸引老板目光的重要手段。话不说不清，理不道不明。就算上司的态度再冷淡，你也无须泄气，态度积极才能解决问题。注意，谈心的场所也尤为关键，一定要找一个适合的场所，并选择好时机，在整个谈话过程中营造出随意的自然的气氛。

是金子总会发光。但假如金子掉在灰堆中，它的光芒也会被灰尘所掩盖。一个有能力的公司普通职员，想要众多精英人士中脱颖而出，就需要表现得与众不同，让上司的目光停留在你的身上。当今的老板眼光很特别，阿谀逢迎这一套对高瞻远瞩的老板已经不再受用。那么，在日常的工作中，怎样才能够与上司进行有效的沟通呢？

首先，主动汇报。如果你抱怨上司不重视你，请先扪心自问一下，你会主动地向上司汇报工作进度吗？做到这一点很重要。主动汇报是你与上司进行有效沟通的一个前提。

其次，不忘充电，努力学习。一个人只有设身处地地为上司着想，才能让自己了解上司。上司想到了什么你也要想到什么，上司看到了什么你也要看到什么，这样你与上司沟通起来就容易了。心有灵犀一点通，是与上司沟通的最高境界。

然后，接受批评，错不过三。一个人第一次犯错是因为无知，第二次犯错是因为不小心，第三次犯错就不可饶恕了。所以，在一件事情上你千万不要第三次犯错，否则你的饭碗就要丢了。

接着，不忙时主动帮助他人。当你的同事做事不顺的时候，或是在你闲暇的时候，你应该伸手施以援助。你这样做，不仅会得到上司的赏识，还能博得同事的好感。

最后，接受任务时心甘情愿。有的时候上司临时交代一些事情要做，下属就一副很不乐意的样子，这种下属是最让上司反感的。想要给上司留下好印象，那么凡是上司交代的任务一定要无条件接受，并要圆满完成。

工作要主动汇报，让领导看到你的敬业

在工作中，领导不可能面面俱到，清楚了解每个人的工作进展情况。在职场上要想让自己的上司对自己刮目相看，可以主动向上司汇报自己的工作进度，这样一来，上司会既省心又放心，对你也会青睐有加。

很多人只知道一味地苦干，每天兢兢业业，本以为自己作出的成绩能被领导注意到，没想到领导却还怀疑自己是不是真的在努力工作。有什么奖励、功劳也都被其他会邀功的同事抢了先机，于是心里都非常委屈。如果我们能注意在工作的时候多向领导汇报自己的工作进度，就能让领导清楚地了解你的努力和付出，还会欣赏你的勤奋能干。

以前在工作的时候，记得当时公司同时来了两个实习生，分别叫钟瑞珊、张慧颖。经过半年的培训学习，两个人进入了同一个小组。

过了一段时间，组长交给他们每个人一项任务，让他们在一个月的时间内独立完成两个不同的策划案。

钟瑞珊接到任务后想："这可是一次表现的机会，我一定要加把劲努力完成。"然后她就摆出了拼命三郎的架势，卖力工作，力求把任务完成得尽善尽美。过了十天，组长过来询问钟瑞珊："怎么样？进行得顺利吗？"钟瑞珊说："很顺利，一切正常！"其实她正处于一个瓶颈期，并不顺利。

而张慧颖接到任务后，第一件事就是询问组长："组长，这个任务要求达到什么样的水平，有什么标准吗？"组长随即详细地将一些标准和注意事项交代给了张慧颖。刚开始，张慧颖每隔三天就去向组长汇报一下自己的进度，并询问自己完成的部分是否有需要修改和调整的地方。过了半个月，张慧颖已经顺利地上了手，但仍旧每周向组长汇报一下自己的工作进度和出现的问题。

一个月以后，钟瑞珊和张慧颖两个人同时拿出了一份策划案。组长认真地看了一下，钟瑞珊的策划案内容虽然丰富，但是有些杂乱，还有好几处明显的错误；而张慧颖的策划案清晰简明同时内容完整充实，是一份非常成熟的策划案。在小组会上，组长表扬了张慧颖，说张慧颖的任务比较难却仍旧按时按量完成了，对钟瑞珊则简单地提了几句，让她以后在工作中再细心一些。钟瑞珊心里很委屈："我到底哪里做得不好？"

每一位上司的心中，对自己的下属多多少少都会有这样的疑虑：手下的员工每天好像都很忙，但又不知道他们在忙些什么，直接开口去问好像又显得不够信任他们。所以，很多领导要么以为员工偷懒，要么以为员工的任务太过简单。作为下属，最妥善的做法就是主动向上司报告自己的工作进度，让上司放心，不要等事情做完了或上司询问时再讲。如果能经常向上司报告，让上司知道你的工作进度，让他放心，才能对你产生好印象。

此外，主动向领导汇报的做法是一种规避错误的最佳方法。有时我们在工作中不自觉地会产生一些小小的错误，如果没有及时发现，发展到后来就会变得无法收拾。早早地向上司汇报你的工作进度，一旦有错误，上司可以及时地指出来，避免你在今后的工作中发生更大的错误。

我曾在一本杂志中看到一个很受启发的故事：魏晓曼在公司里已经两年了，因为自己的顶头上司管理的区域太大，工作太繁忙，她几乎没有机会受到上司的指导。魏晓曼想，与其坐等，不如主动出击。她决心制造机会能和自己的上司就工作的问题谈一谈。

一天，公司开完阶段会议后，同事们纷纷离开了公司，只有魏晓曼留下加班。借着去茶水间冲咖啡的机会，魏晓曼遇到了自己的上司王主管。魏晓曼赶忙打招呼："王主管，您怎么还没有下班？"

王主管看见是魏晓曼，虽然是自己的直接手下，但是因为人员众多、事务繁杂，他对魏晓曼并不熟悉。王主管笑着打了个招呼："小魏啊！你怎么也没下班？"魏晓曼说："哦，我整理完今天的会议笔记就走。对了王主管，我有件事想问问您，就耽误您几分钟可以吗？"

王主管也没有推辞，魏晓曼飞速跑回自己的办公桌，拿起近期正在做的一份报表就去找王主管。"王主管，这是上个月您交给我的工作任务。我已经进行了 60% 了，您看看有什么问题吗？"

王主管认真地看了看魏晓曼的报表，非常欣慰："做得不错！我最近没有顾得上你，没想到你的效率这么高！看来你能够胜任更难的工作了。怎么样，做完这个，有没有勇气接难的任务？”

魏晓曼早就想有个提高的机会，自然赶紧表态说自己经得起挑战。此后，魏晓曼逐渐受到了王主管的重用，成为了王主管最得力的几个手下之一。

在向上司汇报自己的工作情况时，可以对自己的工作提出一些改进的意见，然后征求上司的首肯，上司会觉得你是一个有责任心又肯动脑子钻研的员工。主动汇报自己的工作情况还能让上司对你的情况更加了解，当他看到你的才干之后，也会更加器重你。

成为领导的好观众，认真倾听他的话语

在职场上，相互沟通是至关重要的事情，尤其是和你的领导。很多人觉得和上司之间沟通很困难，但其实不然。如果你在和领导沟通时，能够认真地做一个倾听者，你会发现和领导的关系会有着出乎意料的进展。

认真倾听领导的讲话是一种低姿态。它潜在的含义是，尊重领导的权威，认同领导的意见和观点。认真做上司听众的下属，能够表明自己对待领导的态度是认真的，并能充分地尊重领导的意见。

当别人认真倾听我们谈论某件事的看法的时候，我们是不是有一种满足感？在不知不觉中，我们就拉近了与对方的心理距离。同样的道理，当我们甘愿做领导的忠实听众时，也会产生这种效果。在与领导的交往过程中，要学会用心倾听领导的话，不但可以在领导的话中学到一些经验和知识，还是一种很好的交流方式。

我妹妹杜子纹在初进公司的时候，因为年轻不懂事，她与上司的关系并不太好。她很多次和我说过她的烦恼。于是我建议她多留心上司的爱好，学会多向上司虚心讨教。她听了我的建议，开始关注自己的上司。

当杜子纹得知自己的上司喜欢瑜伽，便开始三番五次地创造机会向上司请教瑜伽的奥妙之处。由于杜子纹摸到了上司的爱好又能够虚心讨教，一来一往之间，那位上司也改变了自己对于杜子纹的偏见，耐心地向她讲述一些修习瑜伽的经验，并热情地推荐杜子纹加入瑜伽练习者的行列。上司一讲起瑜伽就滔滔不绝，杜子纹每次都以非常感兴趣的表情认真听上司讲。

领导作为一个职场的优越者，在任何时候，都会愿意对别人说一些自己的经验之谈或者炫耀一下自己的功绩。作为领导，自然喜欢扮演演说家的角色。当你专注地看着领导、听着他的讲话，并不时做出回应时，他们会觉得自己受到关注，被他人需要，被他人敬重，于是也就非常乐意与你交往，对你产生好感。

做领导的观众还有一个好处。你可以亲自聆听领导在某一方面的想法，这些想法有助于你弄清楚他的真实意图。有的时候领导会装作无意地说一些不相关的事情，细心的你也许会从领导的口中得到一些重要的情报，而这些是非常有利于你的职场发展的。

认真听取领导讲话只需要贡献一双耳朵，你并不会损失什么。当然，在倾听的时候你的态度一定要专注，不要在领导说话的时候打哈欠、看时间、左顾右盼，这样会让领导觉得非常扫兴，从而觉得你根本不尊重他。那他自然不会对你产生好感和信任。在倾听上司说话的时候，聪明的人还要适时做出回应，这表明你在认真地倾听。你还可以发现一些领导喜欢的口头语，从而推断出他的性格和喜好。

我朋友王慧珊就是个聪明人。她经常和老板聊天，老板也经常给王慧珊讲一些他的经历和感触。有一次，老板对王慧珊说："一个人能不能成就事业，并不是看他多会做事，技术多好，而是看他会不会做人。"王慧珊马上来了兴趣："您是不是有什么类似的经历啊？"

老板的脸上显现出一种沉入回忆的表情："是啊！我刚刚走进职场的时候，真是一个什么都不懂的毛头小子。以为凭着自己的一股干劲就能够在事业上有很大的成绩，结果却因为不懂人情世故而处处碰壁。有一段时间，我平均每三个月就会换一份工作。第一份工作，我不懂和上司、同事进行沟通，闷头干活。结果因为交流不够，工作频频出错。第二份工作，因为同事在我背后说坏话，我非常生气跟同事大吵了一架，结果影响很不好，无奈离开了公司。后来的一份工作，又因为得罪了客户而被辞退。时间一长，我渐渐地长了心眼，经过几年的打拼，这才开办了自己的公司，还在客户圈子中有一个很好的人缘。"

王慧珊在听的过程中非常专注，不时地点头和微笑，老板说完了之后，王慧珊说："老板，您真是一个善于改善自己的人，我觉得在您手下工作，收获非常多。我以后也要向您学习，要做事，先学会做人。"

老板乐了："你还真是现学现卖，马上就会说话了！好好干，年轻人的路还长着呢！"

很多人苦于没有机会与领导交流，如果领导主动和自己聊天谈话，可以打开自己与领导之间的交流僵局，加深领导对你的印象和兴趣。认真倾听会使领导产生心理满足感，还能够使领导觉得你有上进心和进取心，对你更为看重。

倾听上司讲话是一门艺术。做领导的听众，是一个让你能够赢得青睐的绝佳时机，使领导更赏识你，也更愿意栽培你。认真倾听领导的讲话也是一种适度的恭维，是一种增进双方感情交流的方法。如果在与上司谈话时，你能聚精会神、全神贯注地聆听。那么，你就会很快能听出你的利益，听出你晋升的职位。你让上司一吐而快，让他觉得有成就感，从而对你会更加看重和亲近，这其实是一个双赢的过程。

若是没人关注你，就主动“秀”出你自己

在古代，怀才不遇的人有很多，有很多诗词可以作证。而在现代，同样有很多怀才不遇的人。这些人作出的贡献明明很卓越，却总是扮演着被上级遗忘的角色，总是和成功擦肩而过。怀才不遇者其实有时候需要好好反省一下自己，究竟是什么原因导致了自己这样的遭遇？要用什么样的方法才能让自己摆脱困境呢？

一个人要想有所成就，就要恰当地“秀”出自我。不要奢望领导主动来关注自己，而是要积极主动地把自己的才干展示给领导看。现在这个时代讲究张扬自我，尤其是职场新人，更应该在适当的时机“秀”一下自己，这不失为一个吸引领导眼球的好方法。

我曾听人讲过一个故事，印象挺深刻。这个故事是说，一个衣衫褴褛的小男孩跑到正在修建的高层建筑工地，向一位衣着十分讲究的建筑承包商请教：“请您告诉我，我怎么做，长大后才能像您一样富有？”

承包商看了看这个小家伙，回答说：“我的方法就是让你去买一件颜色比较显眼的衣服，然后埋头苦干。”

小男孩满脸困惑，百思不得其解，只好再次请他说明。承包商把手指向

那些正在作业的工人，对男孩说："那些工人全都是我的手下。我没办法把他们每一个人的名字都记住，甚至对一些人都没印象。但是，你仔细瞧，他们中有一个穿红色衬衫的家伙给我留下了深刻的印象，他做工作显得更加卖力。他每天总是第一个上班，最后一个下班。为什么我对他的印象这么深刻？就是因为他那件显眼的衬衫。我最近正准备提拔他当我的监工。从今天开始，我相信他会更加努力地投入到工作中，说不定在短时间内他就会成为我的副手。"

"小伙子，我也是这样一步一个脚印走过来的。我工作时比别人投入更多。如果当初我选择跟大家穿一样颜色的衣服，恐怕就没有现在的我了。所以，我选择每天穿条纹衬衫去上班，同时投入更多的努力。不久，我就出头了，老板提拔我当工头。后来我有了一定的积蓄，终于自己当了老板。"

爱尔兰著名剧作家萧伯纳说过一句非常富有哲理的话："征服世界的将是这样一些人：开始的时候，他们试图找到梦想中的东西。最终，当他们无法找到的时候，就亲手创造了它。"使成功者走向成功的真正原因不仅仅是要善于把握机会，更重要的是善于创造机会。就像上述案例中的承包商一样。

我国著名导演张艺谋相信大家都认识，他在成名之前可谓是历经坎坷，但他以进攻的姿态为自己创造了一次次机遇。

1978年，北京电影学院在"文革"后首次招生。按张艺谋的家庭情况，他是难过"政审"关的。但他用自己几年来的摄影作品"开路"，给素未谋面的文化部长黄镇写了一封信，并将自己的作品附于信中。颇通艺术的黄部长有强烈的爱才之心，派秘书去电影学院力荐张艺谋，他终于被破格录取了。

尽管在学校的时候他的表现非常优秀，但命运就是这样的奇妙，不会因为你的努力而眷顾你。张艺谋毕业后，被分配到了广西电影制片厂。在那他并没有因处境不佳而自我消沉。尽管外部条件不好，有着厂小、人少、设备差、技术力量薄弱等不利的因素，但同时也有大厂所不具备的条件。那就是科班毕业生少，名导演、名摄影师少，因而论资排辈的现象不像大厂那么突出。在拍摄电影《黄土地》时，张艺谋主动请缨，挑起大梁，凭着卓越的摄影才能一炮打响。《黄土地》荣获“中国电影优秀摄影奖”，这部电影也成为“第五代导演”真正崛起的标志。

学会积极主动“秀”出自我是改变怀才不遇的最佳途径。如果做默默无闻的无名英雄只会让你更加不被领导重视，选择在合适的时机、场合向领导展示出自己的能力，这样才有希望得到领导的赏识。

总之，如果不懂“秀”出自我这门学问的话，你也只能平平淡淡地度过一生了。“秀”出自己是一种能力，有了这种能力，人们才能抓住机遇，使自己立于不败之地。

沟通若是恰当，加薪不再会难以启齿

每一位在职场中打拼的人士，都希望能够在本职工作上找寻到自己最大的价值。可很多时候，明明认真付出了，老板却怎么也不提加薪升职的事。面对这样的情形，你是否想过要找老板谈一谈呢？

很多人会说，当然想过，可不知道怎么说。确实，向老板要求加薪存在一定的风险。弄不好，不但薪水没提高，还可能惹得老板生气，就此没有薪水拿了。

我以前在职时，公司有个刚毕业的学生就曾犯过这样的错误。他见一起入职的同事加薪了，就直接找到老板，质问对方：“我和他做的工作一样，为什么他能涨工资，我却不能？您能告诉我为什么吗？”

听了这话，老板的脸拉得很长，反问他：“你是不是对我的决定有什么意见？如果你不满意的话，大可以另谋高就。”这个学生闭口不言，悻悻地走人了。

找老板提加薪，真不是凭借勇气就行的。提加薪之前，你至少应该先反思一下，为什么老板没给自己涨工资？到底是能力的问题，还是其他的原因？如果真的是被忽视了，那完全可以“提醒”一下老板。

当时上班时，有另一个同事也遇到加薪的问题，但她就聪明很多。这个同事叫袁娅丽，三个月前签了一笔大单，提成大概有 1 万元左右。经理见她工作很努力，两个月前就承诺，要给她涨 500 元的工资。可一连两个月了，袁娅丽拿到手的还是原来的工资，就连奖金也没有发放。

任谁碰到这样的事都会有些着急，袁娅丽忍不住去找了经理。见她进来，经理装作什么都不知道，问：“有什么事吗？”看到经理没有主动提工资和奖金的事，袁娅丽只好自己问了。

“是这样的，经理，两个月前您说给我涨工资和上次单子的提成，可我现在还没有收到。是不是财务那边的手续还没有办下来？”经理一听，说帮她问问，让袁娅丽回去等消息。

果然，临近下班前，经理找到袁娅丽告诉她：“真是不好意思，你知道财务最近比较忙，可能一时间没来得及处理。你放心，错过的两个月我会让财务给你补上的，好好干！”

无论老板是真的疏忽了，还是故意为之，在应该得到加薪的时没有得到，就该去提醒一下老板。袁娅丽在这个问题上处理得很巧妙，没有直接质问老板，让对方觉得尴尬，而是找了一个台阶，把问题“推”到财务身上。就算真的是老板故意为之，有了这么一个台阶，他在解释的时候，也不至于难堪。

由此可见，跟老板提加薪是一件非常考验智慧和口才的事，得事先有所准备，切不可冒冒失失。不然的话，肯定会事倍功半，甚至事与愿违。这里有几点建议，希望对你有所帮助：

首先，开口前要准备好充分的理由。想让老板同意为你加薪，不是一件容易的事。如果期间出现了什么失误，很可能会影响老板对你的看法，不利于日后的工作。所以，在准备开口提加薪之前，要先确定好谈话的重点，有理有据地展开。让老板意识到，给你加薪对他和公司来说，利绝对大于弊。要知道，谁也不愿意做对自己没有好处的事，如果给你涨工资能让个人和企业双赢，何乐而不为呢？

其次，遭到拒绝后要了解原因。如果老板拒绝了你的加薪请求，不要表现得太沮丧，或是太激动，质问老板为什么自己辛苦付出得不到应有的待遇。你应该静下心来，听听老板的想法。这样的话，纵然老板现在没有满足你的请求，但也会记得你，而你也能够知道自己还有哪些不足，今后可加强提高。

然后，从侧面表达想加薪的意愿。如果觉得不好意思直接开口提加薪，那不妨旁敲侧击地“提醒”一下老板。比如，在发现和你同岗位的同事薪水都比你高时，可在跟老板独自相处时这样问：“老板，实在不好意思，有件事我一直没弄清楚。这几个月，我的工资比同事少了几百块钱。是不是我的试用期已过，正式聘用的手续还没有办好？”老板听了这样的话，自然会做出解释，也会明白你的意思。

最后，以其他方面的福利替代。很多时候，加薪不一定非要以工资的形式，还可以用奖金、补助、休假、培训等来弥补，非常灵活。倘若公司当时的经营状况不稳定，或者老板疲于应付财政支出，你去申请加薪调职，多半都会被拒。此时，你不妨提出调到其他部门或岗位，间接地“加薪”。

可能有人会问：要是加薪的要求遭到拒绝，怎么办？

碰到这样的事，心里不痛快是正常的。但不必闹情绪，也不要急于跳槽走人。若是除了工资以外，其他方面都很好，不妨再多给自己和老板一点时间。这段时期好好表现，同样一项工作，你比别人多用点心，多出点力，多费心搜集一些数据，得到一个全新的创意，做出一份翔实的计划书。时间长了，上司自然会发现你、欣赏你，给你加薪升职的机会。

››››Part 11

不懂与下属沟通，没有人会对你马首是瞻

耐心的态度，是与员工沟通最重要的因素

管理者对员工进行管理，彼此之间不可避免地就得进行沟通。通常而言，管理者与员工沟通往往会产生截然相反的结果：要么是管理效果非常好，要么是管理效果非常糟糕。事实上，沟通在管理中是一件非常考验管理者耐心的技术。虽然管理者与员工进行沟通需要具备一定的耐心，但也不要以为沟通就是一件多么难的事情。在“现代管理学之父”德鲁克看来，管理者只要掌握了与员工沟通的要领，与员工交流起来不仅会得心应手，还会让自己的管理效果足够明显。德鲁克曾经表示：“在管理中，耐心的态度才是管理者和员工沟通最重要的因素。所以管理者和员工之间进行的任何沟通都不能离开耐心，而管理者想要打开员工的内心世界，就需要用耐心对其实施管理。”

德鲁克在雪佛兰汽车公司担任名誉管理顾问期间，成功地将自身总结的管理决策运用在了管理中。雪佛兰汽车公司技术部有一名老员工，他在日常工作中很少和别人合作，总是表现得我行我素。在德鲁克看来，即使这样的人技术再好、能力再强，也是不容易对其实施管理的。而从长远来看，这样的员工也会对企业发展带来不利影响。

后来经过打听，德鲁克弄清楚了这名员工的住址，并准备登门拜访他。

对此，很多人都劝德鲁克最好不要去（在这些人看来，他不会见德鲁克），但德鲁克还是决定在工作之余去拜访他。员工家里有一个 3 岁的女儿，那天过去拜访他的时候，德鲁克看到员工的女儿坐在地板上画画。于是，德鲁克对这名员工说："小家伙真可爱，我能教她画画吗？"起初，这名员工虽然不愿意，他甚至对德鲁克产生了排斥心理，但德鲁克的好态度最终还使他答应了。于是，德鲁克就蹲在地板上教这名员工的女儿画老虎。画完后，这名员工说了一句："请你把画完的画放在窗台上吧。"

德鲁克听完这句话后感觉非常奇怪，他认为将老虎画放在窗户边特别不好看。但这名员工说："这样做的目的是为了驱邪，还可以带来好运。我的很多朋友都说这间屋子里有邪气，需要用猛兽来避邪。"此时的德鲁克更加感觉奇怪，他心想：这个技术过硬的老员工竟然很迷信。为了让老员工袒露心声，德鲁克和他攀谈起来。在沟通过程中德鲁克得知，这名员工的妻子在一年前病逝了，他面对这一家庭突变感到不知所措。在这种情况下，他含辛茹苦地带着年幼的孩子，还得承受工作方面遇到的巨大压力，所以这名员工的情绪波动比较大，脾气也非常急躁。

在接下来的沟通中，德鲁克继续用平和的语气询问这名员工为何在工作中我行我素。这名员工将和其他员工意见不统一、其他人对他存有偏见等情况告诉了德鲁克，而德鲁克对其话语进行了分析和甄别，认为导致这名员工和其他人不愿意合作的根本原因是双方之间存在一定的意见分歧。意识到这一点后，德鲁克知道了管理中要改进的地方。于是在此后的管理中，他通过对员工定期的培训，以及让员工之间进行充分沟通和互动的方式，化解了这名员工工作中与其他员工的分歧，而这也对德鲁克进行的管理工作产生了良性作用。

上面的事例中可以看出，管理者无论与任何员工沟通，只要保持耐心，就能成功和员工进行沟通。相反，那些缺少耐心并表现得操之过急的管理者是很难和员工交流成功的。在德鲁克看来，管理中的耐心沟通最起码的要求就是要学会认真倾听员工的谈话内容。因为在一定情况下，员工很愿意向一个知心人倾诉自己内心不为人知的事情。而这时候如果管理者可以做到耐心的倾听，双方之间进行的沟通那就等于成功了一半，这样无形中就为此后进行的管理打开了良好的开端。假如德鲁克没有用耐心的方式去和员工交流，而是急切地想尽快达到管理的目的，在沟通过程中表现得过于急躁，那么，他不仅不能成为这名员工信任的人，更不能达到自己管理的目的。

管理中总是会遇到不同类型的人或事，而管理者耐心地和员工沟通就是彼此间建立良好关系的润滑剂。其实，耐心地沟通还可以有效化解彼此之间产生的陌生感，快速拉近员工与管理者之间的心理距离，并有效地增进彼此之间的友谊。

在很多时候，虽然和别人交流是打开对方心理大门的一把钥匙，但一个人的心理大门却并不是可以轻松打开的，这时耐心就在沟通中被凸显了出来。而当管理者有了耐心后才能在与员工沟通时静下心来去倾听员工的谈话，才可以更真切地听出员工话语里、内心世界里深藏的含义，才可以更加方便地对其实施管理。

因此，管理者要想让管理水平发挥到极致，就需要运用一定的技巧。而有效沟通是一种连接管理者和员工之间关系的纽带，这条纽带不仅可以让管理者轻松地对员工实施管理，还可以为企业的全局发展提供帮助。

时刻赞美员工，是领导最聚拢人心的手段。有时候调动员工的工作积极性，并不需要太多的物质奖励。人是有感情的高级动物，精神上更需要管理者给予必要的投入，这就是认可和赞美。马克·吐温说：“得到一次赞美，我可以多活两个月。”赞美可以充分激发人的热情，是一种有效的管理模式，也是领导聚拢人心的有效手段之一。

美国一所大学的行为科学研究结果表明，肯定一个人可以让他产生更积极的行为。“要想把飞虫逮住，就要多用蜜而不用醋。”管理下属的有效手段就是要常常认可和赞美他们。当然采用惩罚措施也是必要的，但也只能在迫不得已的时候才能用此下策。发现下属值得认可和赞美的地方，就一定要多加赞扬，长此以往，谁都愿意在你的领导下干活。

一定要肯定和赞扬那些对工作尽心尽力的员工。薪资固然是重要的，但多数员工认为获得报酬只是一种权利，是他们工作付出的交换。正像一位著名的管理顾问所言：“报酬是一种权利，给予肯定则是一件礼物。”

我曾看到过这样一个案例：某君有天上班不久，就收到一条陌生人发来的短信：“我是××银行营业部主任×××，谢谢您对我们服务工作的赞扬和勉励。您的评价我行领导非常重视，已特发通知号召全体职工向王、赵二人学习。我们将再接再厉，进一步提高服务水准，以回报社会各界对我们的支持与厚爱。”

原来，某君曾经发表了一篇文章，文章里表扬了该银行中与自己素不相识的青年员工王、赵二人，对他们良好的服务态度给予了赞美。本来这是一件小事，可银行领导竟然如此重视这件小事情，倒是令他始料不及。

于是，某君马上回复了这位主任一条短信，感谢他们对这件事的重视。过了一会儿，这位主任又打来电话，将经过详细说明了一遍，并表示总行的领导对此事进行了研究，很快向全行系统发出“关于进一步加强文明优质服务工作的通知”。要求各支行和各部门组织员工阅读和学习这位先生所发表的那篇文章，并号召全行员工向王、赵二人学习，进一步掀起文明优质服务的新高潮。

上例中的故事看似是件不起眼的小事，但若和赞美的价值联系在一起，意义就会有所不同了。凡有自尊心之人，没有不喜欢被别人赞美的。“滴水之恩，当涌泉相报”，实事求是地热情赞美为自己提供优质服务的人，是一种“幸福的义务”。

赞美他人的同时，你也会获得好心情。俗话说“赠人玫瑰，手有余香”，在他人得到你赞美的同时，你的精神境界也得到了升华。当你眼前全都是下属们的笑容，“谢谢”之声不绝于耳，你领导的团体才能更和谐地发展下去。

有许多的研究表明，赞扬与肯定下属最能使他们全力以赴地投入到工作中，高水平发挥自己的才能。可见赞扬和肯定的作用是巨大的。除拿到应得的薪水之外，员工们更关心他们在工作中所起的作用大不大，他们的努力有没有白费，他们有没有得到领导应有的重视。一声真诚的肯定、赞美之语，既表达了你对下属某种行为或价值的欣赏，也能大大鼓舞下属继续表现出你所赞赏的行为，使这种行为渐渐蔚然成风。这不仅是你工作责任的体现，更是你掌握全局、着眼整个工作环境的能力的表现。领导只有不吝啬自己的赞美、肯定之词，将赞美当礼物送给下属，才能赢得下属们更多的信赖，才能抓住他们的心。

管人最重要是管“心”，要明白员工的需求

现在的员工要求自己不断学习，不断进步，他们越来越渴望施展自己的

才华。《财富》杂志曾对工作环境比较好的100家公司的雇员作了一次这样的调查，发现员工们自发工作的理由千奇百怪。如先进的技术、激动人心的工作、在同一公司变换职位的机会、执行有挑战性的海外任务、在公司内部提升的前景、工作时间灵活并且有非常优厚的福利等。但让人感到意外的是，很少有人提到“钱”这个因素。

其实，在我们身边就有这样一些不惜辞掉高薪工作，转而跳槽到工资较低的公司去工作的人。为此，有关研究人员曾针对150个高级职员进行调查，调查结果显示：41%的人是因为晋升的机会有限而选择跳槽；25%的人选择跳槽是因为没有得到应有的赏识；只有15%的人是因为钱的因素。由此看来，现在的员工越来越重视自身能力的发挥。

员工注重个人能力的提高，他们不愿意重复没有挑战的工作。不要只想着你和员工之间只存在雇佣关系，那样的话，员工的积极性将无法得到充分调动，你的企业也不会发展壮大，更别谈激发员工的潜能了。如果企业把这两者的关系当成是互惠互利的结合体，那情况就大不一样了。企业作为员工施展自己才能的平台，理应给予员工最大的信任和支持，当员工在工作中充分发挥才能的时候也就是企业将要腾飞的时刻。

在康柏公司，当员工准备转投其他公司的时候，公司不会为了挽留而开出加薪的条件。因为他们知道金钱并不能真正唤回员工对工作的渴望和热爱。同样，有人在参加康柏公司的招聘时，招聘者会问他们“希望公司能给你什么”，康柏想告诉这些人：你在康柏得到的不仅仅是钱，前途和发展才是康柏给你最大的财富，这些“隐性利益”也正是员工所想的。“隐性利益”就像职业发展的“利息”一样，这个“利息”比薪资更具价值，更能激发员工为企业创造价值的愿望。

如果我们把一个公司看成是一个由个人组成的社会团体，团体里的人们都互相信赖，都能畅所欲言，都能有机会发展，那么，管理者就是社团文化的设计者。他有责任创造那种氛围，并让那种文化得以不断地完善和发展。

优秀的管理者知道员工需要的是什么。戴尔公司认为，把公司的经营目标与员工的补助与奖金相结合，显然是一个对他们有很大鼓舞效果的方法。但更重要的是，必须想方设法把“发展前景”的观念灌输给员工，并进一步提升他们的才能，使他们发挥自身的全部潜力。为此，就要提高员工不断学习的意愿和能力。

平日里，戴尔公司通常提出各种问题来引导员工进行独立思考和学习。包括：如何才能让你在戴尔公司的工作变得更轻松、更有意义、更成功？如何了解顾客的喜好？什么是他们所需要的？他们希望看到我们什么样的进步？我们要如何改进？戴尔公司提出大量的问题供员工探讨，并且非常认真地聆听他们的意见。戴尔公司不管是在营运检讨、业务现状报告或小组讨论等会议上，都花了很多时间提问题。他们提出的议题，在现在看来是非常具有意义的。戴尔公司鼓励员工发挥好奇心，因为没有任何一本操作手册可以提供给你最满意的答案。

在戴尔公司，员工们通过主动积极的思考、分析，在潜意识中已将自己当成了公司的主人翁。所有的付出都是自动自发、心甘情愿的。

可见，真正意义的人才，注重的是自己的成长性。自己的能力能否不断提高，是否有成长的机会，以及自己的发展空间是否与企业经营理念紧密相关，这就是对企业的认同感。要想留住真正的人才，让其得到发展的空间，就得靠事业来“攻心”。我们可以把留住人才比喻成是一项系统工程，贯穿于企业内部工作安排、内部晋升、员工培训、参与管理及职业发展计划等过程中。

如同“授人以鱼，不如授人以渔”的道理一样简单，每个人都渴望进步，没有什么比心理上的成就感更令人欢欣鼓舞的了。所以，让员工将企业提供给他的那份工作当做自己的事业，他必能自动自发地工作，最终的结果将是双赢。

管理者付出了真心，才能换来下属的忠心

在社会上与人交往，你只有尊重别人，才会换来别人对你的尊重。交朋友的时候，只有你够意思，别人才会对你够意思。管理者在与下属相处的过程中也是一样，只有管理者付出真心，才能换来下属的忠心。

我们知道，大多数人都有一种“你敬我一尺，我敬你一丈”的心理。身为管理者，如果能在人性上借题发挥的话，将会收到令人满意的效果。管理者要想让自己的事业蒸蒸日上，就一定要在“攻心”上下工夫。既要唱高调，又得哼小曲儿。就那些知识分子而言，光满足他们的薪水要求是不够的，还要给他们增派一位善于体恤他们，珍惜他们付出的管理者，这样才能激发出他们更多的工作激情。

在这个追求物质利益的社会，激励下属干好工作要靠金钱，但下属的忠心用金钱是买不来的。要学会在感情上投入精力和时间，管理者唯有对下属“够意思”，才能让其竭尽全力地跟着你走，为企业谋利益。

我的朋友杨虹是一家餐厅的一名普通员工。一天下班的时候，她不小心摔倒了，她挣扎着想自己站起来，可试了好几次都没成功。正好她的经理看到了这一幕，那位经理连忙过去扶起她，并且关切地问：“摔得严重吗？要

不我帮你叫辆车去医院检查一下？”

杨虹感激地回答：“不用！没事的。”“你看，都破皮了。还是擦点药，歇歇再走吧。”经理扶着她回到餐厅，然后又亲自给她上药，并且对她说：“如果疼得厉害的话，明天就别来上班了，算公假。”杨虹非常感激经理，从此以后，见人就说经理好。她还说自己偶尔想偷懒的时候，一想到经理对她那么好，立马就会打消了念头。

如果管理者都能像这位经理一样对下属付出最真挚的关心，那么企业何愁不能壮大？

“投之以桃，报之以李”，这是中国自古以来的礼仪之道。所谓“滴水之恩，当涌泉相报”，也是这个道理。你关心下属，他们就会不负重望，努力做事。所以，凡是卓越的管理者，都懂得“自己对别人够意思，别人才会对自己够意思”的道理。只有对下属表达出足够的关心，才能让下属感到领导对自己的重视，因此心怀感激，从而，他们会更加努力地投入到工作中。

放下你的官架子，员工才会与你一起战斗

树立权威不能只靠端架子。把官架子放下来，为人处世低调一点，看似少了些官威，实则是提升了自己的人品，提升了自己的威信。所以作为管理者，应该放下官架子，提升自己的亲和力，和员工打成一片。正所谓是“人格无贵贱，人品有高低”。老板或管理者一味地把自己看成是官的话，耍派头、逞威风，

实则是降低了自己的人品，这样的领导不能服众。

认为自己高高在上的人最容易脱离群众。所谓的“官架子”，是用排场来抬高自己的傲慢姿态。时下很多人以老板自居，一副高高在上的姿态，居高自傲，听不进员工的意见，不关心员工的想法。平时喜欢对下属指手画脚，批评时更是声色俱厉，缺少谦和的态度。这些老板是否了解，他们的“谱”摆得越大，员工就越是对他们感到反感。长此以往，不仅不利于各项工作的开展，也会让员工和管理者的矛盾越来越深。

其实，当个好老板的秘诀，不在于“官谱”摆得大不大，而在于是否具有亲和力，是否得到了员工的认可和信赖。那些喜欢摆“官谱”的老板，员工对他们总是“敬”而远之。所以，做老板的一定要放低姿态，只有这样才能换取员工对自己的忠心。

美国女企业家玫琳凯在长期的管理实践中发现，管理者和员工相处，最重要的一点就是放下官架子，以平等、关爱的态度对待他们，大家像朋友一样相处。这样，员工会以更杰出的工作业绩回报上级。

玫琳凯认为关心员工与公司赚钱这两者并不矛盾。她说：“的确，我们是以赚钱为主，不过赚钱并不代表高于一切。在我看来，P 与 L 的意义不仅仅是盈亏关系，它还意味着人与爱。”

玫琳凯不单单在工作、生活和相互交往上表现出对员工的这种关心与爱护，更表现在对员工错误的善意批评上。玫琳凯说：“我认为，经常批评人的做法并不妥当。不是说不应当提出批评。有时，管理者必须明确表达出对某事的不满，但是一定要明确错在何处，而不是错在何人。如果有人做错事时经理不表明态度，那么这个管理者也确实过于‘厚道’了；不过，经理在提出批评时，千万不要摆出盛气凌人的‘官架子’，否则结果就可能会适得其反了。”

玫琳凯还认为，一个管理者应当做到当某人出错时，既在指出错误的同时，又能保护员工的自尊心。她说：“每当有人走进我的办公室，我总是创造出一种易于交换意见的气氛。这一点很重要，只要我越过有形屏障——办公桌，那么创造这种气氛则易如反掌。我的办公桌象征着权力，它向坐在一旁的来人表明，我有权指示他应该如何如何。所以我总是越过那个有形的屏障，以朋友和同事而不是以领导者的身份与人交谈。因此，我们同坐在一张舒适的沙发上，在比较轻松的氛围中研究工作、解决问题。有时我还同来人握手拥抱，这样做能使坚冰消融，能使对方无拘无束。”

在谈到与员工相处时，玫琳凯说：“我认为，老板同自己的员工保持亲密的关系是正确的。相反如果经理同自己的员工总是保持雇主与雇员的关系，那则是反常的。后者无助于最大限度地提高生产率，还会起到坏的作用。”

“当然，这并不是要求管理者一味地放低身段。凡事都有度，有时候也必须强硬和直言不讳。如果某人的工作总是不能让人满意，你必须要表明自己的看法，绝不能绕过这个问题。不过你必须保持既要关心、又要严格的表达方式。换句话说，你必须既起到管理的监督作用，必要时能够采取严格的行动。同时又必须对该员工表示你的爱和同情。如此才能使他们愿意接近你。”

工作中，玫琳凯就从不摆“官架子”，更不会随意地呵斥员工。在她的许多雇员眼里，她就像是慈母一样。他们认为，玫琳凯是十分关心他们的人，他们对她非常的信任。甚至她的雇员会对她说：“我妈去世好几年了，我现在就把你当做妈妈……”每当听到这种话，玫琳凯就感到十分光荣和自豪。

是的，谁会喜欢一个整天板着脸的老板呢？如果你完全可以做到让员工喜欢你，那为什么不去做呢？最简单的方法就是因人而表现出你对他们的热情。你会发现：同一种人打交道，最好的方式是握手；但跟另外一种人打交道，最好的方式则换成了拍拍背。我们都听说过大夫对卧床的病人表示关心，同病人握手的情景。同样，管理者也应在沙发旁边对来人表示关心。还有一点，就是你要把这些看做是感情的自然流露，做的时候要轻松和自然，否则会有做作的嫌疑。那样不仅不会拉近你和员工的距离，反而会让员工反感，感到你这个人很虚伪，以致更加远离你。因此，作为老板或者不同阶层的管理者都应走上前去，放下架子真诚地同来人握手、拥抱。这是管理人的一个绝招。

如果一个老板在下属面前处处“打官腔”“摆官谱”，那么他离“孤家寡人”的日子也就不远了。一个企业就像船，员工好似水，水能载舟，亦能覆舟。老板纵然是船的主人，但如果没有员工的努力，船也不会安然前行。所以即便你是“官”，是老板，和员工的区别也只是分工的不同。何不放下你的“官架子”，与员工一起战斗呢？

记得自己是个领导，而并非一个管家

每个人都有自己的职责所在。尽管一个称职的管理者必须是一个“万事通”，但是，管理者不是“管家婆”，不能包揽一个企业大大小小的事。聪明的领导者就应该把自己手中的大部分权力分给各级管理人员以及每一个员工，这不仅能让他们有机会发挥自己的优势，而且能为自己省下更多的宝贵时间去做更重要的事情。

在管理实践中，有些管理者总是习惯把自己的重要性无限地扩大，什么事情都要过问。他们喜欢大小权力一把抓，喜欢大事小事一把抓，让自己就像只无头苍蝇一样忙得不可开交。

只靠一个或几个管理者是不可能使企业发展壮大的。想要使企业壮大起来，必须依靠所有员工的努力才行。借助他们的才能和智慧，每个人都各尽职责，群策群力才能逐步把企业推向前进，这是一个企业发展的最佳道路。

我曾在一本杂志中看到过一个案例：郑于华是一家私人电脑公司的经理，他喜欢事事都亲力亲为，而不是放权让相关人员去办。因此，他每天都忙得焦头烂额，不仅要应付上百份的文件，还要管理公司的其他大小事情。公司员工经常听到他抱怨说恨自己的手和脑袋不够用，要是再多一个脑袋或是多一双手就能应对更多的工作。后来，他感到自己这样做真的就像疲于奔命一样，于是他想给自己增添一位助手。但他后来又打住了这一念想，他认为增添一位助手只会让自己的办公桌上多一份报告而已。

在郑于华的公司里，人人都知道权力掌握在经理的手里。所以，每天他们都在等着经理下达正式指令。郑于华每天走进办公大楼的时候，他就开始被等在电梯口的职员团团围住，等他走进自己的办公室，已是满头大汗。

实际上，郑于华已经成为了真正意义上的大事小事一把抓的“管家婆”，而非一个管理者。作为公司的最高负责人，他的职责本应限于有关公司全局的工作。各部门员工本来就是各司其职，以便留下更多的时间给他做公司的年度规划、人员调动等工作……优秀的管理者，他们懂得举重若轻的工作方式，郑于华则恰恰相反，他把工作做成了举轻若重，他将大量的时间都浪费在了一些毫无意义的小事上。这样的管理方式，根本无法带动并且推动公司的发展。

有一天，郑于华终于醒悟过来了，他把所有的员工关在自己的办公室外面，把所有无意义的文件抛出窗外。他把工作做了分工，并告诉员工遇到问题自己拿主意，不要来烦他。对于自己的秘书，他做出了明确规定，所有报告要经过筛选再递交，而且数量不能超过10份。刚开始，员工们都不适应郑于华的这个新规定，因为他们早已经习惯了袖手旁观，而今他们却要自己做出更多的决定，一时间真的是不知所措。

这种情况没有持续多久，公司便开始有条不紊地运转起来。各部门员工学会了行使自己的权力，他们的决定是那样的及时和准确无误。工作的效率大幅度提高了，以往经常性的加班也没有了。郑于华终于有了读小说、看报、喝咖啡和进健身房的时间，他感到惬意极了。此时此刻，他才像一个真正的管理者。

可见，一个成功的管理者，绝不是大事小事一把抓，而是懂得适当放权，让相关人员来处理。但是在放权时，管理者要注意以下几点。

首先，因事择人，视德才授权。因事择人，视德才授权是授权的最基本原则，要根据员工的能力分配任务。利益分配、荣誉照顾这些并不等同于授权，授权的目的是为了把事情做好。因此，一定要选那些品行端正而又具才干的人，授之以权。

其次，不可轻易授权。凡是涉及有关组织的全局问题，就像决定组织的目标使命或是人员的升迁和任免等问题，均不可轻易授权。一般应当交给专门的政策研究机构或咨询机构提出决策分析方案，最后由高层管理者直接决策。

然后，及时给予被授权者指导，并对其表示关心和支持。被授权者坚强的后盾就是管理者，管理者应经常给予其指导，让他了解正确行使权力的方法。以此来预防在执行任务时产生错误，并帮助被授权者解决可能会出现的问题。

接着，授权不越级，不授权外之权。逐级管理负责制是现代管理体制，这种体制具有明显的层次性。所以，千万不要越级授权，而只能逐级进行，行使自己应有的权力。否则就会引起管理制度的混乱。

最后，权责同授，交待明确。授权时，管理者应该明确交待所授事项的责任、权力范围和完成标准给被授权者，让他们清楚自己有多大的权力，怎样行使权力。同时，要让他们知道自己的职责所在。

用人不止要用他的长处，更要容得下他的短处

俗话说："水至清则无鱼，人至察则无徒。"从道德上讲，为人必须清、正、廉、洁。但过分要求他人，就变得刻板，不能对人持宽容厚道之心，也就不能容人，也就不能用人，不能得人之心。这是企业管理者培养忠诚下属不可忽视的重要细节。

看人要深，处人要浅；看人要清楚，处人要糊涂。这就要求管理者把握住大的原则，不纠缠于小节，对小缺点要宽容，对个人性格的独特方面要给予理解。特别是那些有独特才能的人，其性格特点也比较明显。要用这样的人，宽容、理解就是非常必要的。无宽容之心、理解之情，自然无法赢得这些人的追随。让他们尽情发挥作用，就显得很困难了。

为什么有些领导在看待自己下属的时候，常横挑鼻子竖挑眼呢？其中的原因很复杂。但就其思想方法而言，主要在于他们不能辩证地分析看待人的优点和缺点。

人非圣贤，孰能无过。员工犯错误一般都不是故意而为之的。导致错误

的因素多种多样，除了个人的能力等内在的因素外，还有很多不可控的外在因素。另外，犯错误也未必就是一件坏事。错误往往能够帮助员工看清自身的缺点，体会到自己的不足，从错误中逐渐成长起来。有时候，一个会犯错误的员工，意味着他不是一个呆板的人，他敢于接受新事物，敢于挑战未知，这是创新的基本素质。身为这种员工的领导者，就应该给予他们更多的支持，鼓励他们从错误的阴影中走出来。

工作当中，管理者要面对的关系总是错综复杂，内部有和员工之间的沟通，外部有和竞争对手及客户间的博弈。每一个人都性格都不相同、文化和习惯也相异，因此，不可能让每个人的行事风格都符合你的心意。这时候，身为领导者，就要懂得包容。不能够因为不符合你的习惯和要求就把一个优秀的员工辞退。如果真是这样做的话，相信企业也将不会长久。

所以，作为企业的管理者，一定要有容人之量。唯有这样，才能和各种性格迥异的人相处、共事，也才能吸引更多的人才，让企业不断壮大。而李嘉诚，就是这样一位有容人之量、懂得宽容的领导。

有一次，李嘉诚让一位经理去和外商进行谈判。但在谈判过程中，这位外商显得十分傲慢，对很多事情表现出不满，而且对合同指手画脚。年轻的经理最后忍无可忍，向这位外商发了火，结果可想而知。

李嘉诚知道这件事情后，叫人把年轻经理找来。此时，年轻的经理心想："这次把生意谈砸了，还和客户大吵起来，肯定被李嘉诚痛骂。"年轻的经理走进办公室后，李嘉诚没有说一句责备的话，而是对年轻的经理讲了很多谈判技巧。然后，让这位年轻人重新和外商联系。李嘉诚告诉他："你已经和客户打过交道，对具体的事务也比较了解，没有人比你更适合承担这份工作。"果然，年轻经理吸取上次的教训，没有让李嘉诚失望，成功地与外商签订了协议。

历史上也不乏这样的例子。

美国南北内战期间，林肯总统任命格兰特将军为总司令。有一次，一位禁酒委员会的成员访问林肯，要求他将格兰特将军免职。林肯吃了一惊，问：“原因何在？”“哦，”该委员会发言人说，“因为他喝威士忌喝得太多了。”“那好吧，”林肯说：“请你们谁来告诉我，格兰特喝哪种牌子的威士忌？我想给我的其他将军每人送一桶去。”

酗酒可能误大事，身为总统的林肯肯定知道。但是他更清楚，在诸将领中，只有格兰特能够运筹帷幄，是决胜千里的帅才。“我不能没有这个人，他能征善战。”后来的事实证明格兰特将军的受命正是南北战争的转折点。

曾担任过马歇尔将军顾问的德鲁克回忆道：“第二次世界大战期间，经马歇尔将军提拔而后来升为将官的人，在当时几乎都是籍籍无名的年轻军官，欧洲盟军统帅艾森豪威尔将军也是其中之一。由于马歇尔将军用人得当，为美国培养了一大批有史以来最能干的将领。经他提拔的将领，几乎无人失败，即使勉强算是二流人才，也只有很少几位。这真是美国军事教育史上最辉煌的一页。”

如果马歇尔将军在提拔将领的时候只关注年轻军官们的缺点，或者他关注他们的优点，但是又不能容忍他们的缺点，那么相信这些年轻军官永远也没有为国家建功立业的机会。

对待别人苛刻，最终会落个孤家寡人，众叛亲离的下场。春秋五霸之一的齐桓公就说过：“金属过于刚硬就容易脆折，皮革过于刚硬则容易断裂。为人主的过于刚硬则会导致国家灭亡，为人臣过于刚强则会没有朋友。过于强硬就不容易和谐，不和谐就不能用人，人亦不为其所用。”

综观历史上那些深得人心的管理者，都是深抱宽容之心，广有纳天下之度，处人用人，该糊涂处糊涂，该清醒处清醒。管理者要想赢得下属的追随和效忠，就应当有容人之量，不以“完美”要求员工。这样不仅有助于管理者和员工相互间取长补短，更能有效发挥出下属的优点。

商场之间的竞争，充分的沟通才能双赢

商场之中讲关系，关系到了事好办了

一般来讲，我们所说的“关系”指的就是人际关系。而人际关系属于社会学的范畴。这也就是我们通常所讲的“人际交往”，例如像亲属关系、同学关系、师徒关系等。

在中国，最复杂的一门学问莫过于关系学了，因为办很多事都要靠关系。为何？因为很多人情和面子就隐藏在关系中，个中利害冲突，一旦操作不慎，便会满盘皆输。中国人最讲人情，最好面子，这就提醒我们在为人处世的时候，在与人交往的时候，要学会拉关系。那么，如何拉关系呢？这里面有很深的学问。

在一个电台中听过这么一个故事：从前有个姓王的穷秀才，穷困潦倒的时候根本没什么人愿意和他来往。后来，他中了状元，不少人就摸到状元府，找他攀家门。

这天，来了四个人，自称是王状元的族人，同宗共祖。

第一个人姓汪。守门官抽出宝剑一拦：“状元姓王你姓汪，攀什么家门？”姓汪的说：“大人！我是水边‘王’，现在准备搬家，不住在水边上，当然是一家。”守门官一听，这是哪跟哪啊，就把姓汪的赶走了。

第二个人姓匡。守门官又问：“状元姓王，你姓匡，攀什么家门？”姓匡的说：“我和状元同住一个院子，因为涨了大水，堤坑子溃口，我就成了破坑子‘王’。状元是逃水荒跑出了破坑子的，我们从此分手，现在族人重逢，请您高抬贵手。”守门官一听，这是哪跟哪啊，把姓匡的也赶走了。

第三个人姓黄。守门官说：“一个姓黄，一个姓王，这不是狗扯羊腿，乱拉吗？”姓黄的说：“黄王两姓，分字不分音，诗词歌赋同一韵，五百年前一家人。”守门官一听，这又是哪跟哪啊，把姓黄的也赶走了。

第四个人姓田。守门官大发脾气：“你呀你，姓田的怎么也扯不到姓王的头上呀！”姓田的说：“怎么扯不到？我比他们好扯得多，只要把两块脸不要，你说我是不是姓王呢？”结果当然是一样的，姓田的也被守门官赶走了。

从表面上看，这是一则很有意思的笑话。然而，一笑之后，却有很多值得我们深思的东西蕴涵在里面。汪、匡、黄、田四个人与秀才本来都是八竿子打不着的陌生人。然而他们在私利的驱使之下恬不知耻，想方设法要与状元拉上点关系。当然，从人际交往的角度来讲，他们的出发点是可以理解的，然而他们败就败在太笨、太蠢。如果他们能揣摩揣摩状元的心理，换种思路，踏踏实实地找一些自己与状元的令人可信的共同点，以此为突破口，与状元拉关系的话，即使是八竿子打不着的人，至少他们的做法不会令人不齿。我们在拉关系的时候，一定要从这里吸取一些教训。

其实，在人际交往的过程中，很多事情，与其说是知识和能力的博弈，不如说是心理的博弈。与其说是权术和方法的博弈，亦不如说是心理的博弈。这也就是说，我们在拉拢人心，建立人际关系的过程中要懂一点心理学知识，懂一点心理策略，不能单纯地去“说”或者“做”，要用“心”去说去做，要学会见缝插针，抓住一切可利用的时机巧妙地“拉关系”。这样才会有的放矢，百发百中。

多与人亲近，建立起更深的交流

在商场交际中，人们往往存在着这样一种心理，即对于与自己有相同之处的人，人们更乐于接近。寻找并利用与对方的共同之处是拉近彼此距离的捷径，也是最有效的方式。因为这些共同之处使我们与对方有了共同话题、共同语言，因此他就会更信赖你，更愿意亲近你。

共同之处可以帮你更好地了解对方，比别人更亲近对方。因为共同之处，对方很可能会和你成为无话不谈的朋友。这样你就会和对方有更深的交流和沟通，你们之间的距离就会慢慢地因共同之处而拉近。

我很佩服我一个朋友，她就是商场社交中的一个高手。她叫杨莉，是一个建筑公司的老板。有一次，杨莉的公司打算参加市里的一个工程项目招标会。

通过关系，杨莉打听到负责这个项目的是市里的王局长。于是，她一次次地去拜访王局长，然而每一次都吃了闭门羹。她很不甘心。

杨莉是信佛的，有一次去寺里上香，正好看到王局长也去寺里拜佛。她和寺里的师父关系很熟，才知道王局长也是佛家弟子。

一次，杨莉得知刘老板把王局长请了出来，正在赶往锦江饭店的路上，便带着助理以最快的速度去了锦江饭店。

在饭店的大堂，杨莉佯装也是来吃饭的，制造了与王局长还有刘老板的偶遇。杨莉谎称没有订到位子，希望能与王局长及刘老板共进午餐。他们没有拒绝杨莉的请求。

在餐桌上，刘老板点了很多的荤菜，王局长迟迟没有动筷子。这时杨莉就开始说："刘老板真是盛情，可是王局长和我都是信佛的，初一、十五是要吃斋的。今天是十五，真是不能破戒呀。"

王局长当时很惊喜，忙问："杨老板也是信佛的？真是缘分呀。"

杨莉很聪明地把手腕上的佛珠露出来，接着说："家母是信佛的，受她的影响，我也是佛门弟子。"

但是，菜已经上了，饭店不允许无故退菜。杨莉机灵地说："王局长，我知道有一家素食斋不错，我在那订了位子还没取消，要不跟我一起去吧。"

信佛的人通常都很喜欢去素食斋这样的地方吃饭。王局长当然也很乐意前往，便欣然答应了。

最后，杨莉和王局长在素食斋因为共同之处谈得很投机，关系也拉近了许多。以后杨莉的邀请，王局长都没有拒绝过。最终杨莉的公司在工程竞标中夺了标。

因为我朋友杨莉发现了自己与王局长的共同之处，并加以利用，得到了王局长的信赖，从而达到了自己的目的。

在与人交往的时候，也许你礼也到了，情也到了，但就是达不到你想要的目的。事实上，当你使用了"寻找共同之处"的交往技巧之后，你会很容易与对方拉近距离，得到对方的信赖。这种技巧会使你在交往中得到意想不到的收效。

当对方一旦看到你与他的共同之处，他就会很愿意跟你交流，给你与他交往的机会。你可能会在很短的时间内就能成为他的朋友。

我发小宁欣是一位售楼小姐。偶然的机会她结识了一位潜在的客户，这位客户对小型别墅很感兴趣。宁欣意识到这位客户很有钱，而且品位极高。

虽然宁欣极力地向客户推荐，又留了名片给他，可是这位客户一直没有回复。

经过多方打听，宁欣得知这个客户酷爱网球。宁欣就了解了一些网球的知识，并报了网球速成班。当宁欣学得差不多的时候，给那位客户打电话告诉他“无意间发现一家环境特别好的网球场”，还透露自己的网球打得不错。

当时，并没有什么效果。后来的一个周末，客户打来电话约宁欣去打网球。因为他的球友出国了，就想起了宁欣。最终在一段时间的打网球交往中，客户主动跟宁欣签下了购买合同。

此外，你也可以多留心对方生活和工作中的一些习惯、注意聆听对方的语言，或者分析对方的性格特点，从中寻找你与他的共同之处。

你也可以通过观察对方的打扮、表情、行为举止，以判断他的生活状态、兴趣喜好。你也可以跟他探讨一些问题，比如探讨他的品位，探讨他的人生。从精细的观察、探讨中，你就会寻找到你们的共同之处。

除了探讨品位或人生之类的话题，也可以聊一些日常生活的知识，在这方面可能更容易找到共同之处。你还可以和对方一起参加活动，这样通过聊天、相互的接触也能找到共同点。

共同之处，可以使你与对方拉近距离，虽不保证你的目的会真正地达成，但一定会增加许多成功的机会。

让对方多看到你，他就会更熟悉你

在商场的交际中，人们往往对熟悉的东西有偏向喜好的思维定式，对与自己特别熟悉的人容易产生好感。

你可能会认为拉长与对方的谈话时间，达到深度交流，会加深熟悉度。而实际上，要想与对方更加熟悉，增加与对方见面的频率，要比拉长谈话时间更有效。

大家都有这样的感受，经常出现在你眼前的人要比出现次数少的人留给你的印象深刻。这就验证了一句俗话：见面时间长不如常见面，也就是心理学上的多看效应。经常与对方见见面，让对方多看到你，他就会更熟悉你，更喜欢你。

我朋友杨庆华新到一家公司做业务员，但在业务方面不太纯熟。公司的一位前辈告诉他："你制订一个计划，每天坚持走访五位顾客，这样一个月就能拜访到一百多位顾客。你坚持两个月，你就什么都明白了。"

杨庆华问："为什么要这样做呢？两个月之后我又能明白什么呢？"

前辈很严厉地回答他："不要问我为什么，原因以及后来的感悟两个月后你就会在你的销售实践中体会到。如果你想成为好的销售人员，就按着我说的去做吧。"

杨庆华听了前辈的话后，尽管有些不理解，但还是用心地跑业务。两个月之后，聪明的杨庆华终于有所体会，也总结出了经验。

谁都知道搞定领导是拿下订单最重要的一步。但是，他发现领导一般都很忙，没有时间和你闲聊。一般的推销员，只要一遇到某领导有时间，便紧抓不放，进行长谈。这样既耽误对方的时间，又容易引起对方的反感。结果适得其反，导致销售失败。

杨庆华使用的策略是见面次数多胜过见面时间长。他每天都去拜访潜在的顾客，有时会帮着做会儿杂务，有时会闲聊几句。如果顾客很忙，他就会知趣地离开。

一年以后，杨庆华拜访的顾客多了，拜访的时间长了，也掌握了谈生意的技巧。同样，顾客见杨庆华次数多了，对他就熟悉、信任了。于是，杨庆华的订单自然就有了。现在，他的业务能力远远超过了自己的同事。

杨庆华听从了前辈的话，多多跑业务，频繁出现在顾客面前。不仅帮助他认识了顾客，帮助他学习了销售，同时也扩大了他在顾客面前的影响。再加上杨庆华很聪明，能够时不时帮助顾客做事，也不给顾客添麻烦，所以顾客最终选择了他。

在销售中，如果销售人员性格开朗、乐于助人、有好的人缘，也容易给顾客留下好的印象。

要想与对方建立良好的关系，平时要多出现在他的生活里面。节假日的时候，天气有变化的时候，可以发发短信问候一下。也可以在对方休息的时间里，请对方出来坐坐，喝喝茶，喝喝咖啡，吃吃饭什么的，建立感情。

经常的联络比长时间地联络一次的感情要深厚。经常跑的人际关系，比你只跑一次却投入很多的人际关系要牢固。在关键时刻，人们只会帮那些经常出现在自己身边的人，而不会去帮那些不常出现但会一次就出现很长时间的人。

我曾读到过这样一个故事：容小青和平小玉同是学生会的干部。容小青是一个性格活泼开朗的人，平时爱说爱笑的，很会交际，有很好的人缘。而平小玉是个比较内向的人，平时做事比较保守，比较自我，还有些自私，不太善于与人交际。

容小青没事喜欢串宿舍，和学校里大多数同学都混得很熟。这样的交际方式，既有利于学生会工作的顺利进行，又建立了稳固的人际关系。

平小玉除了学习和学生会的工作，很少花时间维护与同学的关系，比较孤立。有的同学连平小玉是谁都不知道。

快毕业的时候，学校里为了鼓励优秀的学生，给了学生会一个留校的名额，需要同学们投票表决。平小玉这时才想起搞人际关系，又是给同学买东西又是给老师送礼，容小青却表现得很淡定。

最终的结果可想而知，容小青得到了这个留校的机会。这都是她平时常与同学们联系，保持熟络的结果。

在平时没有事情的时候，就与对方常来往。不要等到有求于对方的时候才去拜访对方。平日里常见面，感情已经积累到了一定的程度。就算不用送礼，对方也会想着帮助你。

在一些特殊的日子，主动去家里拜访，并送上特别的礼物。有时礼物是否合心意，也决定着你留给对方的印象。所以送礼物之前，要先了解对方的喜好，使自己所送上的礼物能投其所好。

在一些节假日可以邀约对方一起去旅行，旅行的地点最好选择对方最向往的地方。这样才能保证旅行的质量。愉快旅行也会加深你与对方的感情。

在一些重要的场合遇到对方，要主动帮对方端茶递水，主动和对方交流。在合适的时间展现自己的才能，更要抓住表现机会。

在对方遇到困难的时候，要热情地帮助对方。相反，当你遇到难处的时候，对方就会想到你曾经的帮助，从而也会帮助你。

常见面是加深感情的最佳途径。见面次数多，可提高彼此的熟悉度，互相产生更强的吸引力。相反，见面次数少，哪怕每次见面时间长，彼此之间的生疏感也不易被消除，或许还会因相处的时间太长而产生摩擦。

接待客户，决不能以穿着来区别对待

总是有一些人很势利，看着打扮时髦、衣着考究的人，就迫切地上前套近乎，好把对方立即变成自己的准客户。而对那些穿着破旧的人，就爱答不理，内心想：“反正你也没钱买，别害我白浪费感情。”

其实，只要是客人，他们都是平等的。就算有的人确实不会带给你利润，但忽略或者怠慢他们也是极其不礼貌的。更何况，这年头，有些衣着朴素的人不见得真没钱，一些衣着豪华的人也不见得真有钱。所以，还是认真接待和尊重每一位客户为好。

有一个非常有名的故事，不知各位是否听过：一个夏日的午后，天气闷热，一位穿着破旧衣裤，满身汗味的农民模样的老头推开了一家汽车展示中心的玻璃门。几个服务员看他也不像什么能买车的客户，就没搭理他，自顾自地忙着自己的事。

只有一位女服务员像迎接其他宾客一样，笑容可掬地说：“老伯，请问我能为您做点儿什么？”

老农有点儿不知所措地说：“哦，不用，不用。我只是想进来凉快一下，马上就会走，外面实在是太热了。”

这位女服务员仍然并没有一点儿厌恶或者冷漠的神色，仍然热情地说：“是呀，外面太热了。您坐这里吹吹冷风，凉快凉快吧。”一边说，一边指着旁边豪华气派的沙发，示意老人坐下。

“不必了，我们种田人的衣服不干净，怕弄脏了你们的沙发呢。”老人连连摆手。

女服务员笑着说：“看您说的，进来了就是我们的客人，再说沙发就是让人坐的。”

更让老人受宠若惊的是，女服务员还倒了一杯水递过来，说：“天热，喝杯凉水吧。”

喝了水，闲着没事的老人开始四处转悠，这辆车看看，那辆车摸摸。

女服务员就走过来说：“大伯，您要有兴趣，我可以帮您介绍介绍。”

老人说：“不用，不用，我们种田人可是没钱买车。”

“不买也没关系呀，也许您以后会有机会买的。”然后，女服务员耐心详细地给老人介绍起来。

听完后，老人从口袋里掏出一张皱巴巴的纸，交给她说：“这些是我要订的车型和数量，请你帮我处理一下。”

女服务员接过来一看惊诧不已，这位看起来很寒酸的老人居然要订8台货车。她一下子不知道怎么办才好：“大伯，您一下订这么多车，我们经理不在，我必须找他回来和您谈，同时也要安排您先试车……”

老人平静地说：“你不用找你们经理了，我是种田的，需要买一批货车。但我对车又不懂，担心车的售后服务。我的儿子就给我出了这么一个主意，我穿着这身旧衣服，去了好几家汽车销售中心，都没人愿意上前和我打个招呼，更没人主动向我介绍车的型号，我非常难过。只有你，热情耐心地接待了我。我相信你，一定会为我提供非常好的售后服务。”

客户是没有高低贵贱之分的。只要是客户，无论他是什么身份、从事什么样的职业，我们都必须给予尊重，切忌以貌取人。即使他们没有购买能力，不能成为真正的客户，我们也应像对待客户一样对待他们。要给任何一个人都留下一个懂礼仪的印象，也许那个买不起你产品的客户认识很多买得起产品的客户，他们不就成了你潜在的客户群了吗？

不要戴着有色眼镜看客户。自己认为身份高贵的客户，就表现得毕恭毕敬；凡是自己认为身份低下的客户，就傲慢无礼。每一个人都有被尊重的需求。如果接待人员不能给予所有客户尊重，那么必然会招致不满与怨恨。长此以往，你的口碑就会逐渐下降，现有客户也会逐渐流失。

好的销售，一开口就要抓住对方的心

对于销售人员来说，通常我们会说针对什么样的客户、卖什么样的产品。

我们常说："好的开头就是成功的一半。"千万不要让客户对你产生警惕感。往往你张口第一句话就决定了你的命运。所以销售员要对受众群体进行分析，抓住这些消费人群的心理特征。比如有些受众比较贪便宜，而有些受众则比较喜欢高档或者是显得尊贵等。销售员在销售时，一定要用你的优势直击对方的弱点，这样你的成交概率就大。

我认识的一个出版社的发行人员向一家大型书店推销一种教学参考书。书店的业务经理听了推销员的介绍后，开口就要订2000套。但这个推销员并未因成交高兴得忘乎所以，他认为这本书今后销售的好坏会影响到这家出版公司以及他本人的声誉。于是，他向书店经理分析道："据了解，贵市有需要此书的学校为15所，每个学校需要此书的学生为70～80人，每期三个月的培训。因此，三个月内有1 200套就可以了。这个数量既能保证贵店供书，又可避免积压，影响资金周转。"经理听后，将信将疑。但三个月后，这种参考书果然销售一空。相对其他推销员只求书店多订书，而不管书店积压与否，这个发行员靠诚信赢得了客户。

此后，这个推销员享受了一项特殊的待遇。只要他认为好的书，尽管发货给这家书店，书店照单全收，并且及时结算，从不拖欠。而其他发行员常常面对的不是退货，就是结款不及时。

练武的人都知道人体身上的所有穴位，以至于在关键的时候击中对方要害部位，达到一招制胜的目的。这种方法也适应于推销员的推销工作。

一次吃饭，我朋友王宏给我讲了她推销产品时的经历，听着很有意思：做化妆品直销员的她有一次敲开了一位客户的门。当她说明来意以后，客户要关门，说："我从来不买上门推销的化妆品，你请回吧。"王宏一看这客户不好沟通，本来准备走，突然听见了从客厅传来的钢琴声。她急中生智，说："您女儿也在学钢琴呢，刚才那一段好像弹错了一点。"

客户一听，知道王宏懂钢琴，就问："你怎么知道她刚才弹错了？"

"我女儿也在学这一首曲子呢，我天天听，也就听出来了。现在的孩子，真是什么都要学，什么也都难学啊！"这一下子说出了那位客户的心声，马上对王宏说："是啊，我们挣几个钱也就是为孩子挣啊。说实话，你挣这点钱也不容易啊，还得看别人的脸色。"说到这里，客户自己突然觉得不好意思了。

"您进屋坐，我们慢慢聊。圆圆，泡杯茶……"

……

很明显，王宏是抓住了客户女儿这一"软肋"，从孩子入手，找到了和客户之间的共同话题，产生了共鸣。这样，说服客户购买也就变得更简单了。

现实销售中，很多销售员总是发出这样的疑问：现在的客户怎么越来越难对付了。费尽口舌却是白费力，他们根本就无动于衷。甚至有些销售员会气急败坏，诋毁客户。

这里，首先要清楚一点，客户不是用来“对付”的，而是要诚心合作从而达到双赢的。销售员在从事销售行业前，首先就要摆正这一心态。不要认为销售就是一个卖出产品，完成业务量的过程。以这样的心态进行销售工作，是无法搞清楚客户为什么对产品提不起兴趣，自己为什么卖不出产品的。

其实，客户购买产品，有时候不仅仅是为了产品本身带来的某种利益或好处，还有一些其他原因。这些原因是隐性的，需要销售员自己去挖掘。这并不是人们常常说的产品的卖点和买点，而是客户的“软肋”或者“破绽”。只要销售员找出这两点，销售也就更加快捷、简单了。下面介绍两种方法：

首先，避实就虚法。这一方法运用在客户对产品没有表现出很大的兴趣，即使销售员费尽口舌，客户仍然不为所动的情况下。此时，销售员应该避开销售这个敏感的话题，改而和客户聊聊其他事，比如一些家常，但这些话题必须是客户感兴趣的。要想做到这些，就需要销售员掌握客户的一些信息。同时，还需要销售员掌握客户的心理状况。

另外，还有一种情况，那就是客户对产品感兴趣。对此，销售员也可以通过自己的专业知识来帮助客户完成购买，这也是一种避实就虚的方法。

其次，围魏救赵法。“围魏救赵”也是孙子兵法的一招。原指战国时齐军用围攻魏国的方法，迫使魏国撤回攻赵部队而使赵国得救。后指袭击敌人后方的据点以迫使进攻之敌撤退的战术。

此招用在应对客户方面，是一种通过从客户身边的人身上下工夫，来影响客户的一种方法，是一种关系营造法。也就是说，当我们在客户身上无法达到共同意见，从而影响到成交时，可以转移一下眼光，试着在客户的家人、朋友、同事身上花心思。通过营造与这些人的良好关系来影响客户。这种方式常常被使用在公关营销上。

通常情况下，家人是能影响客户的最重要的因素。我们可以给客户的孩子送礼物，给客户的妻子送化妆品，给客户的父母送保健品等。当然，具体的能影响到客户的因素还是根据客户具体的情况而定的。

以上方法只是在日常生活和工作当中总结出的一些小方法，简单实用。但是，也不能够仅仅停留在这两种方法上，希望以此来取得客户的信任从而取得不错的销售成绩，这是不现实的。销售员要始终记住，客户最关心的永远还是产品能给自己带来的利益和好处。

想要在商场生存，就要扩大自己的人脉圈

一个人不要吝啬对别人的帮助。不去帮助别人的话，你是难以积攒下自己的人脉的。这就是说，帮助别人的时候就是在帮助自己。

想要在商场生存，就要扩大自己的人脉圈。那么就要先学会以真诚之心对待别人，如果你能拿出自己最大的诚意来，你将能够得到别人最大的回报。看到对方有困难的时候，如果真是朋友，一定要尽力帮忙，这是我们都知道的道理。

如果一个人在需要别人雪中送炭的时候得到了你的帮助，那么他会牢记一生。这是因为有你的帮助他才能够渡过难关。即便你只是尽了绵薄之力，他也会非常感谢的。欢乐的时候，大家都能高高兴兴地在一起，但当你什么都没有的时候还能继续陪在你身边的人，那就是你最真实的朋友，是值得你一生相交的人。

我们因为帮助别人而获得幸运，如果没有帮助别人，等到自己需要帮助的时候才想起别人的帮助就悔之晚矣。

我曾在一本书中看到过美国富商卢卡斯的一个故事。当年，他的女儿得了一种怪病，病情非常严重。他寻遍了美国的名医也没有治好女儿的病。即使他很有钱，但钱买不回女儿的健康。因此，他天天在家中照顾女儿，并且仍然抱着一丝希望盼望有名医可以治好他女儿的病。有一天，他在报纸上看到一位来自瑞士的名医要来美国讲学，他曾经治愈过类似他女儿的这种病症。于是卢卡斯开始四处托人打听这个名医什么时候来美国，在美国哪个地方落脚，想用重金请这位医生来给自己的女儿看病。但他托了很多人去打听也没有得到回音。据说那个医生来美国的行程早已安排得很满，根本抽不出一点时间。卢卡斯有些失望了。

没过几天，天降大雨，卢卡斯在家里正为自己女儿的病烦心，突然响起了敲门声。卢卡斯开门看到的是一个被雨淋得狼狈不堪的人，样子矮矮胖胖的，看起来一名不文。卢卡斯问他有什么事，那个人说自己迷路了，希望可以借他家的电话用一下，找人来接他。卢卡斯本来就不高兴，看到这么一个无关紧要的人来借电话，当即就说："我的女儿正在养病，她不希望有人来打搅。"然后就无情地关上了门。

第二天早饭的时候，卢卡斯看见报纸上有一个专栏是关于那位名医讲学内容的，并且说那位名医已经回国，上面还附有那位名医的照片。卢卡斯吃惊地发现，原来那位名医就是昨天来他家借电话的人。如果自己昨天帮助了那个人，那么女儿的病情可能就有转机了，自己联系了那么久都没联系上的名医，昨天他都上门来了，但竟被自己拒之门外。卢卡斯追悔莫及。

卢卡斯的经历告诉我们，没有帮助别人的话，受伤害的不只是对方，还可能是自己。虽然这种巧合不常见，但是我们不伸出援助之手的后果就是得不到别人的帮助。在茫茫人海中，有些人需要你的帮助，如果这些人主动找到了你，并且他们的请求在你的能力范围之内，那么你不妨伸出双手助对方一臂之力。帮助别人也是一种快乐，也许你未必能够得到别人的回报，也许你得到回报要在很久以后。至少你当时帮助了别人，得到了别人的那份感激。

最近在《美国律师协会》杂志上看到过一个故事：丹森在美国有一家律师事务所，他当律师赚下了一些钱，于是他把这些钱都投进了股市。可是入市有风险，就在一夜之间，他的股票跌得分文不剩。后来他的律师事务所也因为他是移民而开不下去，最终他关闭了事务所，成了一个无业游民。他什么都没有了，只好开始到处找工作。那段时间，美国经济低迷，律师事务所也很少招纳新人，他找了几个月也没找到工作。

突然有一天，他收到了一封来信，上面说某个公司希望他去做经理，并且公司老总要分给他 30% 的股份。这封信怎么看都像是一个恶作剧，但是尽管怀疑，丹森还是按照信上所说的地址去拜访了那位公司的老总。

丹森到了那个公司，看起来那个公司发展得不错，办公室装修得也很豪华。公司的老板亲自接待了他。那个老板问丹森还记不记得他，丹森仔细想了想但还是没想起来，只好摇了摇头。那个老板便从抽屉里拿出了一张褶皱的纸和一张名片给丹森看，丹森发现这张名片是自己很久以前用过的，但他实在是想不起在哪里给过这个人这张名片了。而那张纸是一张 5 美元的汇票。

那位老板开口说话了："看来您真是忘了，但我永远也不会忘。在 13 年前，我刚到美国，找份工作很不容易，终于我应聘到了一家公司。那家公司限我一天之内办理好工卡，不然就不要我。我排了一天的队去办工卡，当排到我的时候，我才知道办理一张工卡要 10 美元，而我只带了 5 美元。可是如果不办，我这份工作就丢了，这时是您从后面递给我 5 美元，替我解了围。有了这张工卡，我才能留在美国，才有了今天这家公司。当时我向您要您的联系方式，以便将钱还给您，您当时就给了我这张名片。现在我知道您遇到了困难，我的这些成就其实都源自于您的帮助，如果在您有困难的时候我不出现，那我就太忘恩负义了。”

丹森听完已是热泪盈眶，他后来也留在了那家公司。

做好事能够让你受益无穷，上面这个故事就是最好的例证。虽然我们很难预料到别人以后的发展，但是帮助别人就是等于给自己拓宽人生道路，为自己积攒人脉，这有助于你以后前途的发展。

所以说，好人必有好报。满怀感恩之心的人在这个世界上还是占多数，别人得到了你的帮助，你的这份恩情就会被他们深深记住。而当你陷入困境的时候就会得到他们的帮助。要把握人生的每一次机会，这是我们常常挂在嘴边的一句话，其实帮助别人就等于给自己一次机会，别人因此深感你的恩情，你也就获得了别人帮助你的机会。所以，在你有能力帮助别人的时候，何乐而不为呢？

Part 13

谈判桌前，会沟通的人就是最后的赢家

谈判之前先寒暄，从闲聊的话语里捕捉信息

一些谈判高手在谈判开始前，会先和对手寒暄一番，用这种形式来探测对手的底细，找到对手的弱点，利用这些信息在谈判桌上打败对手，为自己争取更多的利益。面对这些人，你一定要小心说话，不要把一些重要的信息泄露给对方，以免失去先机。

在实际谈判中，很多经验不足的谈判员很容易犯这样的错误。当对手表现得非常友好，找机会和他们寒暄时，他们往往会放松戒备，在不知不觉间就把自己的信息透露给了对方。日本松下电器的创始人松下幸之助在刚出道时，就曾经犯过这样错误，被对手用寒暄的形式探知重要信息，导致自己遭受丧了重大损失。

那是松下幸之助第一次到东京，接待他的批发商在开始和他谈判前，非常友善地和他寒暄，他说："我们好像是第一次打交道吧？好像以前没有见过你。"

听对方那么友好地对他说话，他立即友善地回答说："您说得没错，我第一次来东京，有很多地方不是很懂，希望您多指教。"

批发商又问："你们的产品，你准备以什么价格出售？"

松下幸之助仍然非常老实地回答对方：“产品的成本价是20元，但是我准备卖25元。”

批发商说：“你初次来东京做生意，应该秉承薄利多销的原则，刚开始时，产品要卖得便宜一些，我看每件产品20元，怎么样？”

最后松下幸之助为了完成首次交易，只能“哑巴吃黄连”地答应了对方的要求。

事例中的那位批发商可谓是谈判的高手。他在没有正式开始谈判前，就通过简单的寒暄套出了很多有用的信息。他先试探地说“我们好像是第一次打交道”“好像以前没有见过你”，这是想探知松下幸之助是生意场上的新手还是老手。而松下却并未意识到这一点，因此很老实地“出卖”了自己——“我是第一次来东京”“很多地方不是很懂”，这样的诚实、谦虚和礼貌，恰恰给对方透露了真实的信息——自己初来东京，没有做生意的经验。如果就此打住也罢，可是松下依然没有意识到这一点，而是在对方问价格时，他又老老实实地说出“成本价是20元”“准备卖25元”，这就又把自己“急于打开产品出路”的信息透露给了对方。结果无形中把自己置于一个劣势地位，从而导致自己失去了先机，开局就输给了对方。

那么，究竟怎样才能做到既不影响交谈氛围又不泄露自己的重要信息呢？优秀的谈判者往往能够灵活应对。一旦涉及个人信息问题，他们往往会巧妙地转移话题。不仅如此，他们还能从寒暄中了解对手的信息，为自己赢取先机。下面事例中的刘峰就是这样一位谈判者。

我有个朋友，叫刘峰。他是一家公司代表，同时也是一个谈判高手。记得他在一次去外地与一家公司洽谈合作时，在开始谈判前，被那家公司的谈判代表热情地款待了一番。席间不免要聊起家常。

对方谈判代表说："您是第一次到我们这个地方来吧？"

刘峰说："哪里，我和这座城市渊源不浅呢。"

对方谈判代表说："这么说您经常来这边出差？"

刘峰说："我来这边很多次了，一直听说你们这地方的小吃很有名。这次过来主要是为了尝尝这里的美食。"

对方谈判代表又问："那您准备在这边待多久？我们这边的美食可不是一天两天就能全部尝完的。"

刘峰说："我尝尝几种主要的美食就满足了。在来之前，我听说您在美食方面颇有研究？"

这个话题让对方谈判代表非常感兴趣，于是便开始讲述自己寻找美食的经历，以及自己尝过的美食有哪些，在这个过程中遇到过哪些尴尬的事情……

就在对方滔滔不绝地讲述自己的经历时，刘峰获得了很多重要的信息：对方是一个很讲原则的人，不会在言语上和别人起冲突，但是一旦遇到挑衅的人，也绝不会惧怕。和这种人谈判要注意自己的言辞，要善于说软话。

于是刘峰便使用这种交谈策略，结果他的谈判进行得非常顺利。

在与对手的整个谈话的过程中，刘峰高超的寒暄技巧展露无遗。在开始时，对方想要通过与刘峰的寒暄，了解刘峰的工作经验。结果刘峰巧妙地回答说自己和这座城市有很深的渊源，避开了这个话题。第二次对手想要从寒暄中探知刘峰的谈判期限，最后也被刘峰巧妙地转移了话题，并趁机激起对方的交谈兴趣，探知了对方的很多信息，并根据这些信息制定了一定的谈判策略，进而成功完成谈判。可以说，刘峰充分运用了自己的头脑，让自己的灵活机智通过舌尖流露出来，既不影响寒暄的氛围，又未泄露自己的重要信息，同时还让对方开口说话，并从对方的话语里获取了重要的信息。作为谈判者，刘峰的寒暄口才值得我们学习借鉴，以掌握谈判开局的主动权。

登门槛效应，要求需要一点点增大

“登门槛效应”又称“得寸进尺效应”。是指一个人一旦接受了比较小的要求，为了保持前后态度的一致，或者保持认知上的协调，往往会不知不觉地接受他人后来提出的一点一点增大的要求。这是一个犹如登台阶一样的过程，要求必须一级一级地变大，才能让对方答应我们内心所想却让对方有些为难的要求。

心理学家认为，登门槛效应之所以能够存在，是因为每个人的意志行动都有最初目标。多数情况下，由于人的动机很复杂，因此人们总会面临各种不同目标的比较、权衡和选择。在条件相同的情况下，那些简单、容易的目标往往较容易被人接受。也就是说，当别人提出一个看起来有些“微不足道”的要求时，人们往往会出于“无大碍，近人情”的考虑，而不好意思断然拒绝。可是，一旦答应了这个“微不足道”的要求，就好比一只脚已经跨进了门槛里，陷入进退两难的境地。通常情况下，人们会有这种思想：一只脚都进去了，又何必在乎整个身子都进去呢？一旦人们跨进这种心理上的门槛，就不会轻易做出抽身后退的举动。再加上由于后来的、更高的要求同之前的小要求有了继承关系，而对之前的一系列小要求的接受使得人们已逐渐适应这种有承接关系的要求，从而使人们的心理失去了戒备，也就降低了出现心理对抗的可能。他们不断接受、服从后，便会察觉不到他人逐渐提高的要求已经大大偏离了自己的初衷；另外，每一个人都希望给别人留下一个前后一致的好印象，不希望别人把自己看做“喜怒无常”的人。因而在接受了别人的第一个要求之后，再面对第二个更大的要求时，如果这种要求给自己造成的损失并不大，往往会有一种“反正都已经帮了，再帮一次又何妨”的心理，登门槛效应就发生作用了。

在谈判时，尤其是涉及价格问题等利益关键的时候，不妨先提对方一定能接受的条件，然后再逐渐加大条件。如此灵活地运用登门槛效应，往往会取得意想不到的效果。

我曾在一本杂志上看到过一个故事：以前我国某公司要从美国某厂订购一批机器设备，当时双方坐下来开始谈判。

我方代表问：“机器单价是多少？”

美方代表说：“每台450美元。”

这个价格与国际市场上的价格基本吻合。但是我方代表为了能争取到更多的利益，开始了进一步的谈判。我方代表说：“贵方开出的价格非常客观。可是贵方也知道，由于这次交易数额庞大，而且还是跨国的，一旦机器在保质期内出现故障，不仅贵方派人维修非常麻烦，而且我们也会因停机时间长而蒙受不容忽视的损失。所以，希望贵方能够帮我们培训几位维修人员。当然，我方会支付一定的培训费用。”美方代表想了想，点头答应了。

我方代表接着说道：“另外，我方还担心，一旦损耗部件出现问题，在国内不易找到同型号的部件。如果你们能够每台机器为我们配备一定量的备用配件，我想我们的合作会更加顺利和愉快。”美方代表思考了一下，觉得这样的要求也正常，实际上欧洲有许多公司都是这样做的。虽然己方公司暂时没有这样的先例，但考虑到此次交易的数量之大，也爽快地答应了下来。

“还有，由于我方虽然对这种机器有一定的了解，但并不专业，并不知道在运输途中应该怎样维护以及相关的注意事项。所以我方想委托贵方派人运输。我方愿意为每台机器支付 10 美元的运输费用。”我方代表继续说道。而美方代表认为我方的要求很合理，但是运输费用有些低了，仅仅是市场费用的 60%，他说道：“我们负责运输没问题，但是运输费用太低了。”我方代表立即说道：“哦，是的，这低于市场价格。但那可是整整 2000 台机器，这样算来贵方的平均运输成本也是低于市场平均水平的。”美方代表考虑了一下，想到谈判都进行到这一步了，没必要为了这一点点利益毁了生意。于是也答应了下来。

就这样，我方代表一步一步地与对方进行着谈判，一步一步地为己方争取更多的利益。最后，对方连“包换日期延长为 9 个月，如果机器在包换期内出现质量问题，将由美方赔付我方全部损失”的条件也答应了下来。而每台机器的综合采购费用比国际市场的最低价格还低了 15 美元。

在谈判中，我方代表利用登门槛效应，完全不被对方察觉地就为己方争取到了巨大的利益。假如我方代表在谈判开始时就开门见山地说：“你们必须保证低价运输、延长包换期、质量赔付等。”那么对方多半会一口拒绝，谈判也会就此破裂，我方也无法从谈判中取得如此多的利益。

在谈判中，开口提要求也是有学问的。要先小后大，先易后难，这样才能一步一步达到我们的目的，一点一点地争取到尽可能多的利益。相反，如果想一句话就提完要求，那必定会被拒绝。总的来说，谈判中，说话要懂得运用登门槛效应。

谈判不能只顾着自己，多站在对方立场考虑问题

在我们与人相处时，尤其是在谈判中需要对方接受我们的观点时，无论是苦口婆心，还是威逼利诱，都不如换位思考来得直接有效。只有站在对方的立场上，才能让别人被说服得心甘情愿，这就是换位思考的力量。

记得听人说过这么一个故事：在一次谈判课堂上，讲师给学员出了一道题目，要求学员自己和自己的全班同学谈判，让每个人自愿走出教室外。

第一位学员走上讲台，对全班的同学大喊道："我代表老师命令所有人都离开这个教室，马上！"结果，全班没有一个人走出教室。

第二位学员则走上讲台，对大家说："现在我要开始打扫教室了，不想被弄脏的同学请离开！"结果一部分人离开了教室，还有一部分人仍然留在教室内。

第三位学员想了想，走上讲台，没有说一句话，而是工整地在黑板上写道："各位同学，午餐时间到了，现在下课。"结果同学们争先恐后地向食堂跑去，很快教室里就空无一人了。

故事中第一个学员想通过权威来命令别人，结果以失败告终；第二个学员想通过威胁来说服别人，结果还是没有成功；第三个学员懂得避实就虚，从同学们的心理着手，终于成功地把所有人"请"出了教室。

谈判时，如果双方都能换位思考，那是最好的。可是，一般情况下，彼此都只会为自己着想，会想着"对方应该怎么做"，而不是"自己应该怎么做"。如果双方都这么坚持，必然会让谈判陷入僵局当中。这时候，假如有一方能说类似"我们重新核算了一下贵公司的运营成本，考虑到你

们的盈利情况，我们可以适当调整报价”这样的话，那么僵局可能就会轻而易举地被打破。

任何一个具有战略眼光的谈判者都知道，在谈判的时候决不能太贪心，决不能妄想拿走谈判桌上的最后一分钱。也许你会觉得这是一场大胜，但对方若也有同样的感觉，认为这场谈判大败而归，那你觉得你们以后的合作还会顺利吗？

在谈判中有一句名言：谈判桌上的最后一分钱，是最昂贵的。每一个谈判高手，都会懂得利用这最后一分钱，甚至牺牲掉这最后一分钱，让对方觉得他获得了这一分，他才是赢家。这样你的目的也达到了，对方也觉得谈判很成功。这才是双赢的局面。同时，在谈判过程中，你要从措辞开始，就显示着一直在为对方着想，让对方看到你的诚意。在这方面，我们可以多学习一下戴尔·卡耐基。

在某一个时期，戴尔·卡耐基都会租用纽约一家餐厅的舞厅来举办几天的讲座。但时间久了，也许是餐厅觉得这是个挣钱的好机会，就提出要把租金提高两倍。但那段时间，讲座的票已经全部卖完，换地方也不可能，改时间也不现实。但同时突然就要多付两倍的租金，戴尔·卡耐基也不愿意。于是，他找到了饭店的经理进行了一次谈判。

戴尔·卡耐基说：“我刚听说你们想把场地的租金提高两倍，听到这个消息我感到非常震惊。不过我理解你的做法，你在职责就是要让餐厅的利益最大化。不过，我是否可以和你借一张纸，我们来算一下，如果把场地租金提高两倍，它会给餐厅带来哪些好处，又会有哪些坏处。”

餐厅经理取过来一张纸，戴尔·卡耐基在这张纸的中间画了一条线，在线的左边写了一个“利”字，在线的右边写了一个“弊”字。然后，在利这一边写下了“舞厅，提供租用”，接着对经理说道：“若是这个舞厅是空闲状态，把它作为舞会或者会议使用，租金是要比我的讲座租金高很多。这对饭店来说，肯定是非常有利的。”

“接着，我们再来看一看它的弊端。最明显的弊端，就是你这段时间无法从我这里获得租金，而你临时想要找到这么多天连续租用你场地的顾客，也不一定能找到。如果你真的要提高两倍的价格，我肯定负担不起这笔费用，只能另找地方举办讲座了。”

“其次，对饭店还有另一个弊端。因为我的讲座来的都是有知识、有文化的人。这些人的到来，对于饭店来说本身就是一个很好的宣传，而且这个宣传还是免费的。你即便在报纸上花大价钱做宣传，效果也不一定会比我的讲座来的好。这对于你们而言，不是一笔更大的财富吗？”

戴尔·卡耐基写下了这一利两弊后，把纸折好，交给了经理，说道：“希望你能认真地考虑一下，然后告诉我你最后的答案。”第二天，卡耐基就受到了饭店经理的回复，答应把租金只提高 1.5 倍，而非原来的两倍。

从戴尔·卡耐基的这个案例中我们看出，卡耐基在和饭店经理的谈判中，一句也没有说如果场地租金提高对自己有什么损失，而是一直站在对方的立场，算着租金提高两倍后，饭店的损失。最后，经理也从中看到了利弊，最后答应降低租金。而卡耐基虽然没有达到还按原价来租用场地，但也接受了 1.5 倍的提价，这也就是让双方都得到了利益，也就是最理想的谈判。

可见，要想有效实现共赢，就应当适当站在对方的立场上去思考问题、去说话，进而促成谈判。千万不可过于贪心，完全置对方的利益于不顾。

话不能够说太绝，给彼此一个回旋的余地

在谈判桌上，每个人都有自己的自尊。没有经验的人在很多时候为了照顾别人的心情，而无法说出自己的真实想法，结果使自己陷入了进退两难、骑虎难下的境地。

其实，给别人留情面固然重要，但是，在照顾别人的同时也不能委屈了自己。很多时候，只要我们学会了说“不”的方法，就可以把事情办得两全其美：既顾全了别人，也成全了自己。

相信大家都看过三国，三国时的华歆十分有才华，曾经在吴国的孙策手下任职。后来，孙策的弟弟孙权接替了孙策的职位，但是他并没有孙策的抱负，只想偏安江东，不图安定天下。与此同时，曹操掌握了北方的兵权，挟天子以令诸侯，积极招揽天下的人才，华歆更是曹操盛情邀请的人才之一。于是，华歆决定离开江东去投奔曹操。而他的朋友、同僚听说他要另谋高就，纷纷登门拜别，并且带着贵重的礼物。前后加起来，大概有数千人，仅是馈赠的黄金就有数百斤之多。华歆的心里一方面不想接受这些礼物，因为自己无功不受禄；另一方面有不好当面拒绝，因为这样会让朋友们觉得自己不近人情。于是，华歆选择了来者不拒，将朋友们所赠送的礼物一概收下。等客人走后，他就让自己手下的家人将送礼人的姓名写在礼物上，原封不动地收起来。

正式出发的日子到了，华歆家里热闹非凡，亲朋好友都来送行，华歆则隆重地设宴款待。等到酒宴接近尾声的时候，华歆对所有的客人说：“我本来不敢拒绝大家的好意，却没想到自己竟然收到了这么多的礼物。可是，考虑到我这次单车远行，带着这么多贵重的物品，恐怕太危险了。所以，各位

的好意我心领了，至于这些东西嘛，还是请大家各自带回吧。”

众人听了华歆的话，知道他是为了顾全大家的尊严，于是只好将自己的礼物带回，并且都颂扬华歆的高尚美德。

华歆因为要保持道德的高尚，所以不想接受亲友的礼物；但是为了顾全亲友的情面，又不能直接拒绝。于是，他转了一个弯子，含蓄地拒绝了众人的礼物，大家不但没有责怪他不近人情，而且都对他的做法敬佩有加，这就是古人拒绝的艺术。我们今天在谈判桌上也要注意自己说“不”的态度，既不能唯唯诺诺，又要在拒绝对方的同时，给对方足够的尊严。

如果想要拒绝与对方合作，也不要把话说得太死。类似“我们绝对不会跟你们合作”“要是我们会跟你们这样的公司合作，那太阳都从西边出来了”这样的话不要说。你可以委婉拒绝，如“要不这样，你们把资料和联系方式留下，有消息我们通知你”“我们需要一点时间考虑一下，有结果我们会第一时间通知你。”把话说太死，轻则让自己尴尬，重则会让公司错失良机，蒙受损失。

记得在一本书中看到过这样一个故事：讲的是某个市的服装公司新设计了一批冬装款式，因为时髦且精致，一上市就被抢购一空。因此，公司决定赶快再购买一批原材料进行生产。但这个消息却不胫而走，很快，有很多地方的毛纺厂销售员都来到了这个公司，想进行业务上的合作。

该公司立即派出采购科的业务员小李跟对方进行谈判。在洽谈过程中，小李了解到，有一家毛纺厂最近不是很景气，就连他们的老客户，也纷纷离他们而去。

小李想，这样的毛纺厂，怎么能合作呢？于是对毛纺厂的业务员说：“您可能要白跑一趟了，因为我们已经和另一家毛纺厂签订合同了。”

毛纺厂的业务员见多识广，知道小李这是推诿之词，便试图打消小李的顾虑："我们厂以前在业界很有名，后来因为被卷入一起经济纠纷中，导致信誉受损，其实我们的实力是不赖的。我们的材料绝对是有保障的。不信，你看看，我特地带了一些原料来。"这位业务员边说边从自己的背包里掏出几块上好的原料来。

原料确实是上乘的，但小李还是觉得这家毛纺厂不够可靠，况且，还有几家不错的毛纺厂可供选择，所以不必去冒这个险。于是他很不耐烦地说："你也别费劲了，就算你们的原料是最好的，做工是最精细的，我们也绝对不会跟你们厂合作。"然后准备送客。

这家毛纺厂的业务员很无奈，但他还是做了最后一次努力。他递给小李一份关于他们厂的详细资料，还有他自己策划的合作方案，然后微笑着说："既然这样，我也不勉强了。我把这个留下，如果你们改变主意了，请跟我联系，谢谢。"

小李没再说什么，接过对方的资料，随手扔在了会议室，不料被经理看到。经理立即向小李询问情况，小李大致地说了那家毛纺厂现在的处境，以为经理会同意自己的做法，谁知经理却说："不用再和其他毛纺厂谈了，就这家了。"

小李只好硬着头皮联系了那位业务员："不知道你有没有空，方便的话，过来谈谈合作的事。"

业务员立即反问了一句："你不是说不论如何都不会跟我们厂合作么？"

这让小李有点尴尬，他很不好意思："抱歉，我把话说得太绝了，差点错过了你们这么好的毛纺厂。"

小李为自己的那句"我们绝不会和你们厂合作"而感到难为情，只好硬着头皮去道歉。好在经理及时发现了那份资料，加上这家毛纺厂也需要这次机会，所以才没有让公司错失良机。假如对方是比较得势的厂，那小李也可能会因此而完全毁了这场谈判，让公司失去一个获得更多利润的机会。

这就再次证明，商务谈判中不能把话说得太绝对。把话说得太绝，很可能会“搬起石头砸自己的脚”。商场是瞬息万变的，你永远不知道下一秒会发生什么；况且，人难免会有决策失误的时候，你永远不能保证自己的做法就完全是正确的。为了避免陷自己于被动、不利位置，不妨让语言帮你一把。说话委婉，才能给自己留足后路，进退自如，才是赢得谈判，实现共赢的明智之举。

想在谈判桌前说服对方，就要让人看到利益

要想在谈判桌上说服别人，往往就得相应地给人家带去一定的利益。可是有时候，我们并不能马上给人带去现实的利益，但至少也要让人看到自己可得的利益，或者是许诺给对方以利益，这样才能更好地打动别人。

法拉第是发电机发明人，没有他，英国第二次工业革命就很难掀起狂潮，也就没有今天繁华光亮的世界。而他之所以成功，与他争取到政府的资助关系重大。

那时候，法拉第由于没有足够的经济来源，在研究发电机的过程中，遇到过严重的经济危机。如果没有人资助他，那么他就只好放弃研究了。他想了好久，最后决定向政府寻求研究资助。

他带着一个发电机的雏形，求见了英国首相史多芬，满腔热情地向他讲述着这个划时代的发明。但是对面的史多芬反应始终非常冷淡，对他的发明创造没有表现出丝毫的兴趣。

法拉第知道如果不能说动史多芬，没有政府的资助自己肯定就没有戏了。于是他灵机一动，就说起了这种发明将会带来的收益。“首相，这个机械将来如果普及的话，必定能大大增加全国的税收。”

史多芬听到能够增加政府的税收，于是马上就来了兴趣，开始认真地询问这个发明的相关内容。就凭那一句话，首相改变了初衷，最后拨给了法拉第一笔不小的研究费用，让他完成了这个改变世界的发明。

法拉第求助史多芬，费尽心思也没有能够把他说动，但是让他看到资助自己政府将会取得的巨大收益后，终于成功地获得资助。否则也就不会有法拉第的成功，也不会有英国工业革命的成功，更没有整个世界的辉煌发展。

在商务谈判中也是同样的道理。如果我们能向对方阐释清楚 “利益均沾”的道理，那么便能拉近彼此距离，让氛围和谐起来。谈判也将进行得非常顺利。

据说，希尔顿在建造达拉斯希尔顿饭店时，曾经因为资金不足，被迫停止了施工。

为了顺利施工，希尔顿只好找到他的房地产商——杜德。

杜德听到希尔顿面临的困境之后，只是事不关己地回答了一句：“那只好停工了。”

希尔顿说：“但是这样下去，您的损失比我还大。”

杜德听到自己的利益即将受损，立即说：“你这是什么意思？”

“假如我的饭店停工的话，势必会对你的地价造成影响。假如我趁这个机会宣扬一下，我之所以停工了，是因为盖在这里不好，我想另选地点，那你的地皮就会变得不值钱了。因为很少有人会相信我会没有钱……”

杜德认真思考了一会儿说：“所以你来找我的目的是什么？”

“我有一个互惠互利的方法，就是你出钱帮我把饭店盖好，然后我再花钱向你买。”

杜德疑惑不解，希尔顿解释说：“意思就是说饭店你来盖，再卖给我，我分期付款给你。更重要的是，只要饭店继续盖下去，附近的那些地都有增值的可能。如果我再帮你宣传一下，到时候你一定不会吃亏。”

虽然希尔顿的这种手段有点狡滑，但是他说的都是事实，所以杜德只好同意了希尔顿提出的条件。

在上面这个事例中，希尔顿在谈判时始终围绕彼此“利益”的关系，让对方充分意识到了合作的获益以及不合作的损失，这才在谈判中取得了成功。

试想，如果希尔顿自始至终都围绕着“你必须借钱给我”这个中心说服杜德，说自己多么迫切地需要帮助，说自己会记住这份情谊，而不告诉杜德这样对他有什么好处，不这样做又会有什么坏处的话，杜德是绝对不会动心的。

谈判中，我们也不妨明确地告诉对方双方合作后，彼此的利益都会增值。而只要真诚地向对方阐释清楚“一荣俱荣，一损俱损”的道理，就很容易拉近双方的距离，促成协议的达成。真诚是一个人难得的品质。有时候，一个人的成败不在其他方面，而在于他是否真诚。日常生活中如此，谈判中更是如此。

谈判结束后，还有很多话需要说

什么才是成功的谈判？那就是在谈判之后，你让对方感觉到他赢了。也许很多人对于这个想法都不敢苟同，但是你也可以把这种向征服者表示祝贺的做法当成是一种礼节。当你的对手和你谈判之后有了这种胜利的感觉，他往往自鸣得意，忘掉去计较一些细节的得失。也就是说，当你在谈判结束后，无论你感觉对方的谈判技巧有多么糟，你也要记得祝贺。尊重对方是谈判的基本要求，如果你连这一点都做不到，那么就没有合作的可能和必要。

一个完整的谈判过程，包括开始、进行与结束三个方面。对于这三者，一个优秀的谈判者应该会兼顾。他们谈判开始时会格外注意措辞，谈判过程中会努力掌握好说话技巧，谈判结束时该注意的地方绝不会疏忽。但是，很多谈判者并不优秀，他们对于谈判的开始阶段和进行阶段可能会格外注重，而对于结束时该注意的地方却往往会忽略。

其实，谈判结束后，还有很多话需要说。比如，与对方握手相互表示祝贺，离开时与对方微笑告别……这一环节注意了，能帮助你给对方留一个好印象，即使此次谈判没能促成合作，实现共赢，也能为下次谈判埋下伏笔。

记得看过一个电视剧，里面的一个场景印象很深：有一家公司有一批新产品已经投入生产，马上就可以上市了。本来是件开心的事，但是既要忙于时尚服装又要忙于珠宝的王董却很忧虑，因为公司还没有找到合适的明星作为代言人。

王董关注了一段时间，终于选中了自己满意的代言人。但是王董中意的明星却总是没空。终于等到她有空了，王董立即亲自动身去洽谈。不巧的是，这位大明星已经答应帮另外一家珠宝商代言产品了，她明确告诉王董说：“真的很抱歉，我不能同时代言两家同类产品，这不利于你们的发展，也有悖于我的职业道德。不过真的很感谢您，能给我这么好的机会。”

听到这话，王董着实很失落，但他还是面带微笑地说：“没关系。我们迟了一步。”离开前还起身握手，友好地说：“谢谢您能抽时间来见我。也祝贺您能为 ×× 珠宝代言，希望以后您也能为我们代言。”

这位女明星以为王董会冷漠地离开，没想到他竟然友好地加以祝贺，这给她很大的触动。她回以真诚的微笑，说道：“一定。”

后来王董想为自己的服装换位代言人，这次，他还是很希望那位女明星能帮忙代言，于是便亲自去和对方谈。没想到这次很顺利，女明星一口就答应了，还说：“上次没帮您代言您的珠宝，真是很抱歉。这次我就恭敬不如从命了。”

让王董更高兴的是，由于这位女明星是当红女明星，因此，他的服装在她的代言下销量直线上升。

王董起初在谈判结束时的一句小小的祝贺，一个友好的握手，给这位女明星留下了深刻的印象，赢得了她的好感。让她在第二次合作中欣然答应，最后实现了双赢。这就是“道贺”的魔力。

谈判结束阶段，别忘了跟对方道贺。即使这次谈判没有成功，你可以对他们跟别人的合作表示祝贺。如：“虽然我知道，我们并没有争取到理想的结果，但很幸运的是，你们让我们从中学到了很多东西，谢谢你们，也祝贺你们。”

当然，假如你们促成了合作，那更要道贺。你可以说：“预祝我们合作愉快！”你也可以说：“久仰你们的大名，今天算是开了眼界了，佩服你们，也恭喜你们！”

当然，道贺的话，也不是越夸张越好，更不是赞美对方的话越多越好。相反，点到为止，贵在真诚。假如对方在谈判中的表现略胜一筹，不妨心悦诚服地表达一下自己的赞美，同时送上自己的祝贺。这样对方听着舒服，也会深深地记住你的礼貌、周到与谦虚。

总而言之，谈判结束后，要记得向对方道贺，注重这一细节，对未来的双赢合作大有裨益。